유형별 M&A로 살펴보는

부의 단계론 II

유형별 M&A로 살펴보는

부의 단계론 Ⅱ

ⓒ 정민계, 2024

초판 1쇄 발행 2024년 11월 25일

지은이   정민계
펴낸이   이기봉
편집   좋은땅 편집팀
펴낸곳   도서출판 좋은땅
주소   서울특별시 마포구 양화로12길 26 지월드빌딩(서교동 395-7)
전화   02)374-8616~7
팩스   02)374-8614
이메일   gworldbook@naver.com
홈페이지   www.g-world.co.kr

ISBN   979-11-388-3675-3 (03320)

유형별 M&A로 살펴보는

부의 단계론

II

M & A 를 통 한 부 자 되 기 핵 심 비 법

정민계 지음

좋은땅

오늘날 우리는 끊임없이 변화하는 경제 환경 속에서 살아가고 있다. 새로운 기회와 도전이 끊임없이 등장하는 이 시대에 재테크는 더 이상 선택이 아닌 필수가 되었다. 많은 이들이 부를 축적하고 경제적 자유를 달성하기 위해 주식, 부동산, 저축 등의 다양한 방법을 고민한다. 그러나 대부분의 사람들이 놓치고 있는 중요한 기회가 하나 있다. 바로 "인수합병(Mergers and Acquisitions, M&A)"이다.

M&A는 대기업들의 전유물이라는 고정관념이 있다. 그러나 최근 들어 중소기업, 심지어 개인 투자자들 사이에서도 M&A가 새로운 재테크 수단으로 각광받고 있다. M&A는 단순히 기업을 사고파는 행위를 넘어서, 새로운 비즈니스 기회를 창출하고, 기존 자산의 가치를 극대화하는 강력한 도구가 될 수 있다.

나는 지난 수십 년간 M&A를 통해 성공적인 투자 사례를 만들어 낸 여러 기업과 개인들의 이야기를 접할 기회가 있었다. 그 과정에서 깨달은 것은, M&A는 단순한 거래가 아니라 '가치 창출'의 과정이라는 점이다. 본책에서는 M&A의 개념과 전략, 실제 사례들을 통해 독자 여러분이 새로운 기회를 발견하고, 이를 바탕으로 재무적 성공을 이끌어 내는 방법을 공유하고자 한다.

이 책이 M&A를 처음 접하는 분들부터 이미 경험이 있는 분들까지 모두에게 실질적인 가이드가 되기를 바란다. 복잡하게 느껴질 수 있는 M&A의 세계를 쉽게 풀어내어, 누구나 이해할 수 있는 방식으로 설명하려 노력했다. 이를 통해 독자 여러분이 새로운 투자 기회를 발견하고, 보다 나은 재무적 결정을 내리는 데 도움이 되기를 바란다.

M&A는 본래 의미가 "인수합병"으로 해석되지만, 저자는 'MONEY(돈) & ASSET(자산)'으로 정의하고 싶다. 왜냐하면 M&A는 결국 돈과 자산을 불리는 것이기 때문이다.

이 책이 여러분의 "돈과 자산"을 불리는 재테크 여정에 있어 소중한 이정표가 되기를 바란다. 당장 시작하자. 지금 바로, 여러분의 가능성을 확장하기 바란다!

2024. 9월 천고마비의 계절에 독자 여러분의 재무적 성공을 기원하며
저자 정민계

조창기 (前 이노폴리스 파트너스 부회장)

M&A라는 개념을 한국의 모든 사람이 이해할 수 있도록 많은 경험과 실력을 토대로 알기 쉽고 빠르게 활용할 수 있도록 아끼는 후배가 집필한 인수합병(M&A)에 관한 책을 추천하게 되어 영광이며 아울러 기쁘게 생각을 한다.

나 또한 수십 년간 제조업을 거쳐서 투자업계에서 일한 사람으로서 M&A가 비즈니스 경영전략뿐만 아니라 더 많은 사람들이 삶의 다양함을 꾀할 수 있는 금융기법과 투자방법으로 제시한 후배의 신선하고 혁신적인 접근 방식에 깊은 영감을 받았다.

글로벌 시장에서는 David Braun의 "성공적인 인수: 전략적 성장을 위한 입증된 계획"과 같은 책이 M&A를 통한 부 창출 단계를 이해하는 데 귀중한 자료로 활용되어 왔지만 그러한 책은 종종 틈새 독자들을 대상으로 기술적이고 복잡하게 되어 있었다.

이에 반해 이 신간은 국내 최초로 일반 독자를 대상으로 M&A에 대한 신비를 풀고, 부를 축적하기 위한 전략적 도구로서 M&A를 활용하는 방법에 대한 명확하고 간결하며 실용적인 지침을 제공한다는 점에서 높이 살 만한 안내서이다.

너무 오랫동안 M&A는 특정 전문가 및 내부자 그룹의 독점적인 영역으로 여겨져 일반 대중은 M&A가 제공할 수 있는 엄청난 기회를 인식하지 못했다. 이 책은 접근 가능하고 참여도가 높은 방식으로 M&A를 제시함으로써 이러한 장벽을 무너뜨린다. 이 책은 노련한 투자자나 기업 리더뿐만 아니라 금융 성장과 다각화를 위한 새로운 길을 모색하려는 일반 사람들을 위해서 고안되고 준비된 안내서이다.

이 책에 대한 저자의 헌신은 그가 깊이나 선명성을 잃지 않으면서 복잡한 개념을 단순화한 방식에서 분명하게 차이가 드러난다. 방대한 양의 정보를 쉽게 소화할 수 있는 형식으로 변환하는 그의 능력은 칭찬할 만하다. 나는 이 책이 많은 사람들에게 어두움을 밝히는 노련한 가이드 역할을 하는 안내서가 될 것이며 M&A가 틈새 사업 관행에서 한국의 강력한 투자 수단으로 변모하는 데 크게 도움이 될 것으로 확신한다.

작가님의 노고와 남다른 재능에 박수를 보낸다. 바쁜 일정에도 불구하고 그는 모든 이에게 M&A에 대한 새로운 관점을 제시하면서 깊은 영감을 주는 작품을 만들어 냈다. 나는 이 책이 한국의 M&A에 대해서 더 나은 이해의 폭과 깊이를 만드는 데 기여할 뿐만 아니라 더 많은 사람들이 부의 창출을 위한 전략적 수단으로서 M&A의 잠재력을 이해하고 활용하도록 깨우쳐 주는 역할을 해 줄 것으로 기대한다.

이 버전은 책의 접근성, 가치, 다양한 잠재력을 강조하여 투자 전략으로서의 M&A에 관심이 있는 많은 분들의 폭넓은 관심을 이끌어낼 것으로 생각하며 반드시 읽어 보기를 주저함이 없이 강하게 추천한다.

Chapter 4

유형별 M&A 사례분석

Chapter 5

M&A 관련 교재와 성공 방정식

Chapter 1

기업 인수합병(M&A) 개념과 전략

1. M&A란 무엇인가?

M&A는 Mergers and Acquisitions의 약자로, 기업 인수합병을 의미한다. 두 개 이상의 회사가 합쳐지거나 한 회사가 다른 회사를 인수하는 과정을 말한다. M&A는 보통 사업 확장, 시장 점유율 확대, 기술 확보 등을 목적으로 이루어진다.

(1) M&A의 종류

1) 합병 (Merger)
두 개의 회사가 합쳐져 새로운 회사로 탄생하는 경우이다. A회사와 B회사가 합쳐져 AB회사로 재탄생하는 경우를 말한다.

2) 인수 (Acquisition)
한 회사가 다른 회사를 사들여 자신의 자회사나 일부로 만드는 경우이다. 이 경우 피인수 회사는 원래 이름과 브랜드를 유지할 수도 있고, 완전히 흡수될 수도 있다.

(2) 재미있는 M&A 사례: 디즈니와 픽사

2006년, 디즈니(Disney)가 애니메이션 제작사 픽사(Pixar)를 인수한 사례는 매우 유명하다. 당시 디즈니는 전통적인 애니메이션 기술에서 3D 애니메이션으로의 전환에 어려움을 겪고 있었고, 픽사는 그 분야에서 탁월한 기술력을 자랑하던 회사였다. 디즈니는 픽사를 인수함으로써 혁신적인 기술을 확보했고, 이후로도 많은 성공적인 영화들을 제작할 수 있었다.

픽사 인수 후, 디즈니는 '토이 스토리', '업', '겨울왕국' 등 많은 히트작을 내놓으며 애니메이션 시장에서 다시 한번 리더의 자리를 굳힐 수 있었다. 이 사례는 M&A가 단순히 규모를 키우는 것뿐만 아니라, 서로의 강점을 보완하는 좋은 기회가 될 수 있음을 보여 준다.

M&A는 이처럼 기업의 전략적인 판단과 실행에 따라 성공적인 결과를 낳기도 하지만, 반대로 잘못된 판단과 실행으로 인해 실패하는 경우도 많다.

2. 기업 성장과 가치 창출을 위한 M&A의 중요성

M&A(기업 인수합병)는 기업의 성장을 가속화하고 새로운 가치를 창출하는 중요한 전략적 도구이다. 이를 통해 기업은 시장에서의 경쟁력을 강화하고, 새로운 시장에 진입하거나, 중요한 자원을 확보하며, 기술력을 획득할 수 있다.

(1) M&A가 기업 성장과 가치 창출에 중요한 이유

1) 시장 점유율 확대
M&A는 기존의 시장에서의 지위를 강화하거나 새로운 시장으로 진출하는 데 도움이 된다.

2) 비용 절감
두 기업이 합병하면서 중복된 자원을 제거하거나 운영 효율성을 높일 수 있다.

3) 신기술 및 자원 확보
기술 기업을 인수하여 혁신적인 기술과 전문 지식을 확보할 수 있다.

4) 리스크 분산
다양한 사업 포트폴리오를 확보함으로써 특정 시장이나 제품에 대한 의존도를 줄일 수 있다.

(2) 재미있는 M&A 사례: 구글과 유튜브

2006년, 구글(Google)은 비디오 스트리밍 플랫폼 유튜브(YouTube)를 16억 달러에 인수했다. 당시 구글은 이미 검색 엔진 시장에서 선두를 달리고 있었지만, 비디오 콘텐츠의 중요성을 깨닫고 유튜브 인수를 결정했다.

유튜브는 당시에도 인기가 많았지만, 수익 모델이 명확하지 않았다. 하지만 구글은 인공지능 기반 검색 기술과 광고 플랫폼을 결합하여 유튜브를 세계 최대의 비디오 스트리밍 플랫폼으로 성장시켰다. 유튜브 인수는 구글의 광고 수익을 폭발적으로 증가시키며, 전 세계 미디어 소비 방식을 혁신적으로 바꿔 놓았다.

유튜브는 이후로도 다양한 기능(예: 유튜브 프리미엄, 유튜브 뮤직)을 추가하며 가치를 계속 창출하고 있다. 이 M&A는 구글이 검색을 넘어 디지털 콘텐츠와 광고에서 거대한 생태계를 구축하는 데 중요한 역할을 했다.

이처럼 M&A는 단순히 기업 규모를 확장하는 것 이상으로, 새로운 기회를 창출하고 장기적인 성장을 이끄는 중요한 수단이다.

Chapter 2

기업 인수합병(M&A) 주요 유형

1. 수평적 인수합병

수평적 인수합병(Horizontal M&A)은 동일한 산업 내의 경쟁 기업이 합쳐지는 것을 의미한다. 예를 들어, 스마트폰 제조 회사가 또 다른 스마트폰 제조 회사를 인수하거나 합병하는 경우이다. 수평적 M&A는 주로 시장 점유율을 늘리고, 경쟁력을 강화하며, 비용을 절감하려는 목적으로 이루어진다.

(1) 수평적 인수합병의 중요성

1) 시장 점유율 확대
동일한 산업 내의 경쟁 기업을 인수하여 고객 기반과 시장 점유율을 확대할 수 있다.

2) 규모의 경제 실현
중복된 운영비용을 줄이고, 생산 규모를 확대하여 비용 절감 효과를 얻을 수 있다. 예를 들어, 유통망, 마케팅, 연구개발 비용을 통합할 수 있다.

3) 경쟁 감소

주요 경쟁자를 인수함으로써 시장 내에서의 경쟁 강도를 줄이고, 가격 경쟁을 완화할 수 있다.

4) 강화된 협상력

규모가 커진 기업은 공급업체나 고객과의 협상에서 더 큰 힘을 가지게 된다.

(2) 재미있는 수평적 인수합병 사례: 디즈니와 21세기 폭스

2019년, 디즈니(Disney)는 영화 및 TV 콘텐츠 제작사인 21세기 폭스 (21st Century Fox)를 713억 달러에 인수했다. 이 M&A는 영화와 TV 콘텐츠 제작 및 배급 시장에서의 경쟁력을 강화하기 위한 전략적 수평적 인수합병의 대표적 사례로 꼽힌다.

이 인수로 디즈니는 폭스가 보유하고 있던 "엑스맨", "아바타", "심슨 가족" 등의 IP(지식 재산권)를 확보하며, 기존의 마블, 스타워즈, 픽사 등 강력한 콘텐츠 포트폴리오를 더욱 강화했다. 결과적으로 디즈니는 자사 스트리밍 서비스인 디즈니 플러스(Disney+)의 경쟁력을 높이고, 넷플릭스와의 스트리밍 전쟁에서 유리한 위치를 차지하게 되었다.

이 사례는 수평적 M&A가 경쟁사와의 합병을 통해 더욱 강력한 시장 지위를 확보하고, 콘텐츠 시장에서 혁신적인 변화를 이끌어 낼 수 있음을 보여 준다.

2. 수직적 인수합병

수직적 인수합병(Vertical M&A)은 동일한 산업의 공급망 내에서 서로 다른 단계에 있는 기업들이 합병하거나 인수하는 것을 의미한다. 예를 들어, 제조업체가 원자재 공급업체를 인수하거나, 제품을 유통하는 회사를 인수하는 경우가 이에 해당한다. 수직적 M&A는 주로 공급망을 통합하고, 비용을 절감하며, 품질과 생산 효율성을 높이기 위해 이루어진다.

(1) 수직적 인수합병의 중요성

1) 공급망 통제 강화
주요 공급업체나 유통망을 인수함으로써 원자재 조달, 생산, 유통 등의 과정을 직접 통제할 수 있다. 이를 통해 안정적인 공급망을 확보하고, 비용 변동성을 줄일 수 있다.

2) 비용 절감
중간 마진을 없애고, 생산 및 유통 단계의 비용을 줄임으로써 전체 비용을 절감할 수 있다.

3) 제품 품질 및 차별화

공급망을 통합함으로써 제품의 품질을 더욱 엄격하게 관리하고, 차별화된 제품을 제공할 수 있는 기회가 생긴다.

4) 진입 장벽 강화

다른 경쟁자들이 진입하기 어려운 시장 구조를 만들 수 있다. 예를 들어, 중요한 원자재의 공급망을 독점적으로 확보하게 되면 경쟁사가 그 자원을 얻기 어려워진다.

(2) 재미있는 수직적 인수합병 사례: 아마존과 홀푸드

2017년, 아마존(Amazon)은 고급 식료품 체인인 홀푸드(Whole Foods)를 137억 달러에 인수했다. 아마존은 전자상거래와 물류에서 강력한 입지를 가지고 있었지만, 오프라인 식료품 시장에서는 점유율이 낮았다.

이 인수로 아마존은 오프라인 시장에 직접 진출할 수 있는 발판을 마련했으며, 동시에 신선 식품 유통과 관련된 물류 체인을 강화했다. 또한, 아마존 프라임 회원에게 홀푸드 매장에서의 할인 혜택을 제공함으로써 온·오프라인 고객 경험을 통합하여 충성 고객층을 강화할 수 있었다.

이 사례는 수직적 인수합병이 어떻게 새로운 시장에 진출하고, 고객 경험을 혁신하며, 기업 가치를 극대화할 수 있는지 잘 보여 준다. 수직적 M&A는 공급망 내 다른 단계의 기업을 통합하여 새로운 성장 기회를 창출하고, 경쟁 우위를 확보할 수 있는 강력한 전략적 도구이다.

3. 다각화 인수합병

다각화 인수합병(Diversification M&A)은 서로 다른 산업 또는 시장에 속한 기업 간의 인수합병을 의미한다. 이를 통해 기업은 기존 사업과는 다른 새로운 사업 분야에 진출할 수 있다. 다각화 인수합병은 주로 위험 분산, 새로운 성장 동력 확보, 수익성 개선 등을 목적으로 이루어진다.

(1) 다각화 인수합병의 중요성

1) 위험 분산

한 산업의 경기 변동에 따른 위험을 줄이기 위해 다른 산업으로 포트폴리오를 확장한다. 다양한 수익원을 확보함으로써 특정 시장이나 제품에 대한 의존도를 줄일 수 있다.

2) 새로운 성장 기회 확보

기존 사업이 성숙기에 접어들거나 포화 상태일 때, 새로운 시장에 진입함으로써 새로운 성장 동력을 찾을 수 있다.

3) 시너지 효과

서로 다른 산업 간의 시너지를 통해 혁신적인 제품이나 서비스를 개발하거나, 비용 절감 및 운영 효율성을 높일 수 있다.

4) 수익성 향상

이종 산업에서의 강점을 결합하여 수익성을 극대화할 수 있는 기회를 제공한다.

(2) 재미있는 다각화 인수합병 사례: 페이스북과 오큘러스

2014년, 페이스북(Facebook)은 가상 현실(VR) 기술 회사인 오큘러스(Oculus)를 20억 달러에 인수했다. 당시 페이스북은 주로 소셜 미디어 플랫폼에 집중하고 있었지만, 오큘러스 인수를 통해 완전히 다른 영역인 VR 시장에 진출했다.

페이스북은 이 다각화 인수를 통해 미래의 커뮤니케이션과 상호작용 방식을 혁신하고자 했다. 오큘러스의 VR 기술을 활용하여 소셜 네트워킹, 게임, 교육, 헬스케어 등 다양한 분야에서 새로운 비즈니스 모델을 탐색할 수 있게 되었다. 이는 페이스북이 "메타버스(Metaverse)"라는 개념을 선도하는 계기가 되었으며, 결국 사명을 메타(Meta)로 변경하며 미래 비전을 확장하게 된 배경이 되었다.

이 사례는 다각화 인수합병이 단순히 새로운 시장 진출에 그치는 것이 아니라, 기업의 미래 비전과 전략을 새롭게 정의할 수 있는 중요한 기회임을 보여 준다.

4. 역인수합병(Reverse Merger)

역인수합병(Reverse Merger)은 비상장 기업이 상장된 기업을 인수하여 상장 상태를 얻는 방식의 인수합병을 의미한다. 일반적인 인수합병(M&A)과 달리, 역인수합병에서는 비상장 기업이 상장 기업을 "인수"하는 구조로 진행된다. 이는 비상장 기업이 보다 빠르고 비용 효율적인 방법으로 공개 상장(Public Listing)을 달성할 수 있는 방법이다.

(1) 역인수합병의 주요 특징과 중요성

1) 신속한 상장

전통적인 IPO(기업공개) 절차는 시간이 많이 걸리고, 비용이 많이 드는 반면, 역인수합병은 이러한 절차를 간소화하여 빠른 시간 내에 상장 상태를 얻을 수 있다.

2) 비용 절감

IPO에 드는 상당한 비용(예: 투자자 모집 비용, 공모 비용, 법적 및 규제 준수 비용)을 절감할 수 있다.

3) 시장 변동성 회피

IPO는 시장 상황에 민감하여 성공 가능성이 시장 상황에 좌우될 수 있지만, 역인수합병은 이러한 변동성의 영향을 상대적으로 덜 받는다.

4) 공개 시장 접근성

상장된 기업이 되면 자본 시장에 접근할 수 있어 자금 조달이 더 쉬워지고, 기업의 인지도와 신뢰도도 높아진다.

(2) 역인수합병의 사례: 버거킹과 저스티스 홀딩스

2012년, 버거킹(Burger King)은 역인수합병을 통해 다시 상장된 대표적인 사례이다. 버거킹은 투자회사인 저스티스 홀딩스(Justice Holdings)와의 역인수합병을 통해 다시 뉴욕증권거래소에 상장되었다. 당시 버거킹은 사모펀드인 3G 캐피털(3G Capital)에 의해 비상장 상태였으나, 역인수합병을 통해 신속하게 상장되었다.

이 과정에서 버거킹은 IPO보다 적은 시간과 비용으로 상장을 완료할 수 있었고, 저스티스 홀딩스는 버거킹의 강력한 브랜드와 글로벌 확장 계획을 통해 투자 가치를 극대화했다. 이 사례는 역인수합병이 상호 간의 이익을 위해 효과적으로 활용될 수 있음을 보여 준다.

이처럼 역인수합병은 빠르게 자본 시장에 접근하고자 하는 비상장 기업에게 매우 유용한 전략이 될 수 있다.

Chapter 3

레버리지 활용
차입매수

차입매수(Leveraged Buyout, LBO)는 타겟 기업의 인수를 위해 상당한 비율의 차입 자금을 사용하는 인수 방식이다. 이 방식은 기업을 인수하면서 사용되는 자금의 상당 부분을 대출로 조달하고, 인수한 기업의 자산이나 향후 현금 흐름을 담보로 사용하여 대출을 상환하는 특징이 있다. 차입매수는 전략적 목표에 따라 다양한 유형으로 나뉘며, 각 유형에 따라 다양한 시사점을 제공한다.

1. 차입매수의 유형

(1) 담보제공형 LBO

유형	사건명	핵심 특징	판결 경과	결과
담보제공형 LBO	신한 LBO 사건	인수자가 피인수기업(신한)의 주식을 취득 후, 인수한 자산을 인수자의 차입금 담보로 제공하는 방식	*1심: 유죄 (2003. 11. 28.) *2심: 무죄 (2004. 10. 6.) *대법원: 유죄 인정, 1차 파기환송 (2006. 11. 9.) *2차 파기환송 후 유죄 확정 (2008. 6. 4.)	업무상 배임죄 유죄 판결
담보제공형 LBO	한신 코퍼레이션 사건	인수기업(터치스톤)이 피인수기업(한신)의 정기예금을 대출 담보로 제공하여 경영권을 인수하고, 피인수기업에 손해를 가한 혐의	*1심: 유죄 (2004. 2. 11.) *2심: 유죄 *대법원: 유죄 확정 (2006. 11. 23.)	업무상 배임죄 유죄 판결

사건	주요 법적 논점	법적 쟁점
신한 LBO 사건	인수자의 차입금에 대한 담보로 피인수 기업의 자산을 제공하는 것이 업무상 배임죄에 해당하는지 여부	피인수기업 자산의 담보 제공이 손해를 끼치는지, 반대급부가 제공되지 않은 점이 주요 쟁점으로 다뤄짐
한신코퍼레이션 사건	인수기업이 피인수기업의 예금을 대출 담보로 제공함으로써 피인수기업에 손해를 끼치는 것이 업무상 배임에 해당하는지 여부	피인수기업의 자산을 인수자의 대출 담보로 제공한 점과, 이로 인해 발생할 수 있는 손해의 위험이 업무상 배임으로 간주될 수 있는지가 쟁점으로 다뤄짐

(2) 합병형 LBO

항목	내용
합병형 LBO 개념	특수목적회사(SPC)를 설립해 인수대상회사의 주식을 차입으로 취득 후, 인수대상회사와 합병하여 차입금을 상환하는 방식
사건명	한일합섬 LBO 사건
인수 주체	동양메이저산업 (SPC, 동양그룹 지주회사인 동양메이저가 설립)
인수 대상	한일합섬 (법정관리 중, 현금 보유)
인수 과정	동양메이저산업이 금융기관에서 대출(4,725억 원) 및 동양그룹 계열사에서 자금 조달(1,002억 원)→한일합섬 지분 62.6% 확보(신주 인수 및 회사채 인수)→동양메이저산업과 한일합섬 순차 합병
문제 제기	인수 후 한일합섬 자산을 동양메이저산업 대출 상환에 사용→배임 혐의 제기
법적 판결	1심, 2심 판결: 배임죄 불성립. 합병 과정에서 피인수기업 자산으로 대출을 상환하는 것은 경영상 판단으로 배임으로 보기 어렵다고 판결 대법원 판결: 원심 판단 유지, 배임죄 불성립 확정

핵심 판결 이유	합병은 적법한 절차에 따라 이루어짐 인수합병 후 피합병기업의 자산으로 대출 상환은 합병의 경영상 결과로 봄
결론	동양메이저산업은 한일합섬의 자산을 활용해 대출을 상환했으나, 합병으로 인한 경영상 시너지와 법적 절차에 따라 배임죄가 인정되지 않음

(3) 자산인출형 LBO

구분	내용
자산인출형 LBO 개념	특수목적회사(SPC)가 인수대상회사를 인수한 후 합병하지 않고 자산을 인출하여 차입금을 상환하는 방식으로, 자산을 이용해 투자 자본을 회수하는 합법적 방식
사례: 동아건설 LBO 사건 개요	프라임개발이 6,780억 원을 제시하여 동아건설을 인수하였으며, 자금 중 일부(5,000억 원)를 대주단으로부터 차입
프라임개발의 인수 계획	3,000억 원은 동아건설 회사채 인수에, 2,000억 원은 유상증자 인수에 사용. 이후 동아건설의 자산을 이용해 회사채 상환 계획
1심 법원 판단	동아건설에 손해 발생: 프라임개발이 동아건설의 고율 상환우선주 및 담보로 신규 대출을 받아 회사채를 조기 상환함으로써 동아건설에 추가 금융비용 부담을 초래하여 손해를 입혔다고 봄
2심 법원 판단	경영 판단에 의한 결정: 동아건설이 회사채 조기 상환으로 부채비율을 낮추고 수주 경쟁력을 확보하여 회사를 조기 정상화하려는 경영상 판단이었으며, 결과적으로 손해를 초래했다고 볼 수 없다고 판단
LBO 방식 비교	이 사건은 전형적인 LBO 구조와는 다르지만, 자산인출형 LBO와 유사한 부분이 있음. 특히 동아건설 자산(공장 4개)을 담보로 제공하고 인수 자금의 대부분을 차입금으로 충당한 점에서 LBO로 볼 수 있음

(4) 차입매수의 법적 문제점

구분	내용
LBO 개념	인수자가 목표회사의 자산을 담보로 자금을 차입하여 회사를 인수하는 방식
관련 법률	① 형법 제355조(횡령, 배임죄): 임무 위배로 타인에게 재산상 손해를 가하거나 자기 또는 제3자에게 이익을 주는 행위 ② 상법 제341조(자기주식 취득 금지): 회사가 자기의 주식을 취득하는 행위 제한 ③ 상법 제374조(영업양도): 회사의 주요 자산을 양도하거나 처분하는 행위에 대한 제한 및 주주총회 결의 필요
신한 LBO 사건	유형: 담보제공형 LBO→문제점: 인수 대상 회사의 자산을 담보로 대출받아 인수한 후, 회사 자산을 매각하여 차입금을 상환하는 구조가 문제 됨→법적 문제: 배임죄 성립 인정 (형법 제355조)
한일합섬 LBO 사건	유형: 합병형 LBO→문제점: 인수 후 합병을 통해 자산을 사용해 부채 상환 계획→법적 문제: 합병 후 자산 유출로 배임죄 불인정
동아건설 LBO 사건	유형: 자산인출형 LBO→1심: 배임죄 성립 인정 (형법 제355조)→2심: 합법적 경영 판단으로 무죄 선고, '위법한 담보제공형 LBO'와 구별
한신코퍼레이션 사건	유형: 담보제공형 LBO→문제점: LBO 형식을 갖추었으나 실질적으로는 자금 유용으로 간주→법적 문제: 배임죄 성립 인정 (형법 제355조), LBO 방식으로 정당화되지 않음
법원 판결의 차이점	* 동아건설 LBO: 2심에서 LBO 방식이 아닌 자산 활용의 경영적 판단으로 무죄 * 한신코퍼레이션: LBO 외형을 갖췄지만 실질적 배임행위로 판단, 유죄

(5)

1) 경영자 인수(MBO, Management Buyout)

① 회사의 기존 경영진이 회사의 지분을 인수하는 형태이다. 경영진이

회사의 운영에 대해 잘 알고 있고, 기존 전략을 지속할 수 있어 성공
가능성이 높다.

② 시사점: 경영진이 주체가 되어 회사를 인수하므로, 주주와 경영진의
이해관계가 일치하게 되어 회사의 가치 극대화에 집중할 수 있다.
그러나 높은 부채 부담으로 인해 재무적 리스크가 커질 수 있다.

2) 경영자 및 직원 인수(MBI, Management Buy-In)

① 외부 경영진이나 투자자가 기존 경영진을 교체하고 회사를 인수하
는 형태이다. 새로운 경영진의 전문성을 통해 회사의 성장을 도모할
수 있다.

② 시사점: 새로운 경영진의 리더십과 경험이 회사의 성장과 혁신을 촉
진할 수 있지만, 기존 조직 문화와의 충돌 가능성을 고려해야 한다.

3) 기관 투자자 주도 인수(Private Equity Buyout)

① 사모펀드(Private Equity)와 같은 기관 투자자들이 타겟 회사를 인수
하는 형태이다. 주로 높은 수익률을 목표로 하며, 구조조정 및 자산
매각 등을 통해 회사의 가치를 극대화하려 한다.

② 시사점: 기관 투자자들은 기업가치 증대에 초점을 맞추고, 신속한 의
사결정과 구조조정을 통해 효율성을 극대화할 수 있다. 그러나 단기
적 성과에 집중할 경우 장기적인 기업 가치 훼손의 위험이 존재한다.

4) 고전적 LBO(Traditional LBO)

① 대규모 차입 자금으로 회사의 지분을 인수하는 방식으로, 주로 기업

의 자산을 담보로 사용하는 방식이다. 타겟 기업의 현금 흐름이 안정적일 때 주로 사용된다.

② 시사점: 자산 가치가 높고 안정적인 현금 흐름을 가진 기업에 유리하지만, 과도한 부채로 인해 경제 불황 시 위험이 커질 수 있다.

5) 차입 재구조화 인수(Recapitalization LBO)

① 기존의 재무구조를 바꿔 새로운 부채로 자금을 조달하는 방식이다. 종종 기존 주주들에게 일부 자본을 돌려주기 위해 사용된다.

② 시사점: 재무 구조의 유연성을 통해 투자자들에게 단기적인 수익을 제공할 수 있지만, 기업의 장기적인 재무 안정성에 영향을 미칠 수 있다.

2. 차입매수의 시사점

(1) 리스크 관리의 중요성

LBO는 높은 수준의 부채를 수반하기 때문에, 기업의 현금 흐름이 안정적이지 않으면 재무적 리스크가 증가할 수 있다. 특히 경제 상황 변화, 금리 상승 등의 외부 요인에 민감하게 반응할 수 있다.

(2) 기업 운영 효율성 제고

LBO를 통해 인수된 기업은 비용 절감, 구조조정, 자산 매각 등을 통해 운영 효율성을 높이는 데 집중한다. 이는 기업의 가치를 높이는 데 기여할 수 있지만, 과도한 비용 절감은 장기적인 성장을 저해할 수 있다.

(3) 경영진의 역할과 이해관계

LBO 유형에 따라 경영진이 중요한 역할을 할 수 있다. 경영진이 인수에 참여하거나 경영권을 가지게 되는 경우, 주주와의 이해관계가 일치하게 되어 기업 가치 극대화를 목표로 할 수 있다.

(4) 단기적 수익과 장기적 가치 사이의 균형

사모펀드와 같은 투자자는 종종 단기적 수익을 극대화하기 위해 인수를 진행하지만, 이는 장기적 관점에서 기업의 지속 가능성을 해칠 수 있다. 따라서 단기적 수익과 장기적 가치 사이의 균형을 유지하는 전략이 필요하다.

(5) 경제 환경과 규제 변화에 대한 민감성

LBO는 경제 환경과 규제 변화에 매우 민감하다. 특히 금리 상승, 세제 개편, 시장 변동성 등이 LBO의 성공 여부에 큰 영향을 미칠 수 있다.

차입매수는 기업의 성장과 가치 창출을 위한 강력한 도구가 될 수 있지만, 그 성공은 철저한 계획과 리스크 관리, 그리고 이해관계자들의 조화로운 협력에 달려 있다.

3. 국내 대표적 차입매수 사례 10가지

(1) 두산 밥캣 인수 (2007)

1) 개요

두산인프라코어는 글로벌 건설 장비 회사인 밥캣(Bobcat)을 인수하기 위해 대규모 차입매수를 진행했다.

2) 결과

초기에는 재무 부담이 컸으나, 글로벌 금융위기 이후 구조조정과 운영 효율성 제고로 성공적인 투자로 전환되었다.

3) 교훈

LBO 후 안정적인 현금 흐름을 확보하고, 효과적인 구조조정과 운영 개선이 뒷받침되면 성공할 수 있다.

(2) CJ헬로비전 인수 (2013)

1) 개요

사모펀드 MBK 파트너스가 CJ그룹의 케이블TV 자회사인 CJ헬로비전을 인수하는 LBO를 진행했다.

2) 결과

기존 사업의 개선 및 추가 매수 합병(M&A)을 통해 기업가치를 높이고, SK텔레콤에 매각하면서 높은 수익을 실현했다.

3) 교훈

전략적 제휴와 지속적인 기업가치 제고 노력이 필요하다.

(3) 한샘 인수 (2021)

1) 개요

IMM PE는 국내 대표적인 인테리어 기업인 한샘을 차입매수 방식으로 인수했다.

2) 결과

인수 후 자산 효율화 및 사업 다각화를 통해 가치를 높이려는 전략을 구사하고 있다.

3) 교훈

빠른 구조조정과 사업 재편이 필요하며, 인수 후 시장의 변화에 발 빠르게 대응하는 것이 중요하다.

(4) 코웨이 인수 (2013)

1) 개요

MBK 파트너스는 코웨이를 차입매수하여 인수했다. 인수 후 경영진 교체와 함께 서비스 개선에 집중했다.

2) 결과

2019년 넷마블에 성공적으로 매각하여 큰 수익을 올렸다.

3) 교훈

효과적인 인수 후 통합(PMI) 전략과 지속적인 서비스 개선이 중요한 성공 요소이다.

(5) KT렌탈 인수 (2015)

1) 개요

롯데그룹이 KT의 자회사인 KT렌탈을 차입매수 방식으로 인수했다.

2) 결과

이후 롯데렌탈로 사명을 변경하고 렌탈 사업을 다각화하며 안정적인 현금 흐름을 창출하고 있다.

3) 교훈

인수 후 브랜드 강화와 사업 다각화로 수익성 확보가 가능하다.

(6) 동부익스프레스 인수 (2015)

1) 개요

사모펀드 MBK 파트너스가 동부익스프레스를 차입매수로 인수했다.

2) 결과

경영 효율화와 신규 사업 확장을 통해 수익성을 개선하고, 기업가치를 높였다.

3) 교훈

신규 사업 진출과 경영 효율화를 통해 부채 부담을 경감시킬 수 있다.

(7) 코리아세븐 인수 (2016)

1) 개요

사모펀드 앵커에쿼티파트너스는 코리아세븐을 차입매수로 인수했다.

2) 결과

프랜차이즈 매장 수 확장과 함께 물류 인프라 개선을 통해 성장 기회를 극대화했다.

3) 교훈

인프라 투자와 성장 전략이 결합된 LBO는 효과적인 성장 촉진 수단이 될 수 있다.

(8) 율촌화학 인수 (2017)

1) 개요

사모펀드 스탠다드차타드 프라이빗에쿼티가 율촌화학을 차입매수로 인수했다.

2) 결과

인수 후 제품 라인업을 다각화하고, 효율적인 운영으로 가치를 높였다.

3) 교훈

인수 후 차별화된 제품 개발과 운영 효율화는 성공의 중요한 열쇠이다.

(9) 한화큐셀 인수 (2010)

1) 개요
한화그룹은 태양광 기업 큐셀을 차입매수 방식으로 인수했다.

2) 결과
태양광 시장 성장과 함께 안정적인 수익을 창출하고 있다.

3) 교훈
성장하는 산업에 대한 투자와 인수 후 신속한 시장 적응이 중요하다.

(10) 카버코리아 인수 (2016)

1) 개요
사모펀드 MBK 파트너스와 컨소시엄이 화장품 회사인 카버코리아를 차입매수로 인수했다.

2) 결과
인수 후 빠르게 글로벌 시장으로 확장하며, 2017년 유니레버에 성공적으로 매각하여 큰 수익을 실현했다.

3) 교훈
빠른 글로벌 시장 진출 전략과 브랜드 강화가 성공의 중요한 요소이다.

4. 차입매수 사례에서 얻을 수 있는 교훈

(1) 리스크 관리와 현금 흐름의 중요성

차입매수는 고도의 부채 구조를 수반하기 때문에 인수 후 안정적인 현금 흐름 확보와 철저한 리스크 관리가 중요하다.

(2) 인수 후 통합(PMI) 전략

성공적인 PMI(인수 후 통합) 전략은 인수 후 기업가치 제고에 필수적이다. 경영진 교체, 조직 개편, 운영 효율화 등 다양한 접근이 필요하다.

(3) 시장 환경과 산업 트렌드 이해

인수하려는 기업의 시장 환경과 산업 트렌드를 정확히 이해하고 대응할 수 있어야 한다. 이는 성장 가능성을 극대화하는 데 중요하다.

(4) 다각화된 성장 전략

기존 사업의 개선뿐만 아니라 신사업 진출, 인프라 확장, 글로벌 시장 확대 등 다각화된 성장 전략이 필요하다.

(5) 투자자의 장기적 관점

단기적인 수익 극대화에만 초점을 맞추기보다는 장기적인 성장과 기업 가치 극대화에 대한 명확한 비전이 중요하다.

이러한 교훈들은 국내 차입매수 사례에서 성공과 실패를 가늠하는 중요한 요인들로 작용하며, 앞으로의 차입매수 전략에 있어 중요한 참고자료가 될 수 있다.

5. 차입매수와 관련된 가상 쟁점과 분석

(1) 롯데카드 사례

1) 사건 개요
롯데카드가 외부 투자자들에게 매각되는 과정에서 기존 주주와 신규 투자자 간의 권리와 책임 문제가 발생했다.

2) 쟁점
주식 매각 시 기존 주주의 동의 여부, 투자자 보호를 위한 법적 조치.

3) 판결
대법원은 기존 주주의 동의 절차와 투자자 보호 조치를 준수해야 한다고 판결.

4) 분석
LBO 과정에서 주주 보호 절차의 중요성을 강조하며, M&A의 공정성과 투명성을 확보해야 함을 시사한다.

(2) 대한통운 인수 사례

1) 사건 개요
대한통운 인수 과정에서 롯데와 현대그룹 간의 경쟁적 인수 전쟁이 벌어졌으며, 인수 대금과 관련한 불공정 거래가 문제로 제기되었다.

2) 쟁점
인수 가격 산정과 공정거래법 위반 여부.

3) 판결
대법원은 경쟁적인 인수 과정에서의 공정성 및 인수 가격의 적정성을 판결함.

4) 분석
LBO 과정에서 공정거래법 준수와 시장 경쟁을 저해하지 않도록 하는 중요성을 강조.

(3) 두산 인프라코어 사례

1) 사건 개요
두산그룹이 밥캣을 인수하는 과정에서 차입 구조와 인수 후 부채 상환 문제에 대해 논란이 발생했다.

2) 쟁점

부채 구조의 적법성 및 인수 후 자산 유용 문제.

3) 판결

법원은 인수 후의 자산 유용이 불법적이지 않다는 판결을 내렸으나, 기업의 재무 안정성 보호에 대한 지침을 제시.

4) 분석

차입매수 후 자산 유용 문제와 관련해, 경영진의 재무적 책임과 투명한 정보 공개의 중요성을 강조.

(4) 코웨이 인수 사례

1) 사건 개요

코웨이의 차입매수 인수 후 경영진의 의사결정에 대해 소수 주주들이 이의를 제기.

2) 쟁점

소수 주주의 권리 보호와 경영진의 의무.

3) 판결

경영진이 기업 가치를 극대화하기 위해 필요한 조치를 취했음을 인정, 소수 주주의 권리 보호 필요성도 강조.

4) 분석

인수 후 경영진의 의사결정과 주주 간의 이해관계 충돌 시, 기업의 지속 가능성과 소수 주주의 권리를 균형 있게 보호해야 함.

(5) 동부제철 인수 사례

1) 사건 개요

동부제철의 인수 과정에서 부채 구조와 관련하여 채권자 보호 문제가 제기.

2) 쟁점

인수 후 채권자의 보호와 부채 상환 절차의 적법성.

3) 판결

채권자 보호 조치가 충분하지 않았음을 판결하고, 재무구조 개선 계획을 수립하도록 명령.

4) 분석

채권자 보호는 LBO에서 필수적 요소로, 인수 후 재무구조 개선 계획의 중요성을 부각.

(6) 한샘 인수 사례

1) 사건 개요

한샘의 인수 후 구조조정 과정에서 발생한 해고와 관련된 소송.

2) 쟁점

인수 후 구조조정 과정에서의 노동법 위반 여부.

3) 판결

대법원은 구조조정이 기업의 재무적 회복을 위해 필요하다고 판단하면서도, 노동법을 위반하지 않는 범위 내에서만 허용됨을 명시.

4) 분석

LBO 인수 후의 구조조정은 신중하게 접근해야 하며, 법적 기준을 엄격히 준수해야 함.

(7) 오리온 인수 사례

1) 사건 개요

오리온이 인수된 후, 경영진과 주주 간의 충돌로 인한 소송이 발생.

2) 쟁점

인수 후 주주 이익 보호와 경영진의 결정 권한.

3) 판결

주주 보호를 위해 경영진의 결정에 대한 견제 장치가 필요하다는 판결.

4) 분석

LBO 후 경영진의 독단적 결정이 주주 이익에 반할 수 있으며, 투명한 의사결정 구조가 필요함.

(8) 남양유업 인수 사례

1) 사건 개요

남양유업 인수 과정에서 사모펀드와의 계약 파기와 관련된 법적 분쟁.

2) 쟁점

계약의 파기 조건과 위약금 문제.

3) 판결

계약의 파기 조건이 불충분하다며 사모펀드의 손을 들어줌.

4) 분석

LBO 계약 체결 시, 계약의 조건과 위약금 규정이 명확히 설정되어야 함.

(9) 하이마트 인수 사례

1) 사건 개요

하이마트의 차입매수 후 사모펀드가 매각하는 과정에서 발생한 이해관계자 분쟁.

2) 쟁점

인수 후 기업의 매각 절차와 주주 이익 보호.

3) 판결

매각 과정에서 주주들의 동의와 공정한 절차를 요구.

4) 분석

LBO 후 재매각 시 주주와 이해관계자의 보호를 위한 절차 준수가 필수적임을 명확히 함.

(10) 신세계 이마트 인수 사례

1) 사건 개요

이마트가 신세계를 인수하는 과정에서 기존 주주들이 불공정 거래를 주장하며 소송을 제기.

2) 쟁점

인수 가격과 공정성.

3) 판결

인수 가격의 산정이 공정하지 않다는 판결을 내리고, 재평가를 요구.

4) 분석

LBO에서 인수 가격의 공정성과 평가 과정의 투명성이 중요함을 강조.

(11) 종합 분석 및 교훈

1) 주주 및 채권자 보호

LBO 과정에서 주주와 채권자의 이해관계 충돌이 발생할 수 있으며, 이들의 권리 보호가 중요하다. 법원은 종종 공정한 절차와 적절한 보호 조치를 강조한다.

2) 공정 거래 및 공정성 확보

LBO 과정에서 거래의 공정성과 인수 가격의 적정성은 항상 중요한 요소로 작용한다.

3) 투명한 의사결정과 정보 공개

인수 후 통합과정(PMI)에서의 투명한 의사결정 구조와 경영진의 정보 공개는 법적 분쟁을 예방하는 핵심 요소이다.

4) 노동법 및 사회적 책임 준수

인수 후 구조조정 과정에서 노동법을 준수하고, 사회적 책임을 다하는 경영이 필요하다.

5) 법적 문서 및 계약의 명확성

LBO 관련 계약 체결 시 조건과 규정이 명확해야 하며, 이를 어길 경우 큰 법적 책임이 따를 수 있다.

위의 판례들을 통해 LBO 과정에서 발생할 수 있는 법적 쟁점과 그에 따른 교훈을 잘 이해하고, 관련 법적 리스크를 관리하는 것이 중요함을 알 수 있다.

TIP

사모펀드 사례 도표

사례	인수 주체	인수 대상	거래 금액	거래 시점	주요 전략	시사점
KKR의 RJR Nabisco 인수	KKR	RJR Nabisco	약 250억 달러	1988년	차입매수 (LBO), 경영 효율성 강화	대규모 차입매수를 통한 사모펀드 거래 가능성을 입증, 경영 효율성과 현금흐름 관리의 중요성 확인
Blackstone 의 Hilton Hotels 인수	Black stone	Hilton Hotels	약 260억 달러	2007년	구조조정, 장기적 가치 창출, IPO	경기 침체기에도 사모펀드가 장기적인 안목으로 투자해 수익 실현을 보여줌

| MBK Partners의 오리온 인수 | MBK Partners | 오리온 | 비공개 | 2017년 | 경영 구조조정, 마케팅 전략 개선 | 사모펀드가 단순 재무투자자를 넘어 경영 전략에 관여해 성과 극대화할 수 있음 |

도표설명

- 사례: 대표적인 사모펀드 거래를 요약한 항목

- 인수 주체: 인수를 주도한 사모펀드 회사

- 인수 대상: 인수된 회사

- 거래 금액: 인수에 사용된 자본 규모

- 거래 시점: 인수 계약이 성사된 해

- 주요 전략: 해당 사모펀드가 기업 가치를 증대시키기 위해 사용한 전략

- 시사점: 각 사례에서 배울 수 있는 중요한 교훈

Chapter 4

유형별 M&A
사례분석

1. 금융 M&A 사례분석

　금융 분야에서 인수합병(M&A, Mergers and Acquisitions)은 자주 일어나는 일로, 금융 시장의 구조를 바꾸고 새로운 비즈니스 기회를 창출하는 중요한 방법 중 하나이다. 다음은 금융 분야에서 주목할 만한 M&A 사례이다.

(1) J.P. 모건 체이스 & Co.의 체이스 맨해튼 은행 인수 (2000)

　J.P. 모건과 체이스 맨해튼 은행의 합병은 2000년에 이루어졌다. 이 합병은 세계 최대의 금융 서비스 기업 중 하나를 탄생시켰으며, 합병 후 J.P. 모건 체이스는 자산 규모에서 세계 최대의 은행 중 하나로 자리매김하게 되었다.

(2) Bank of America의 메릴린치 (Merrill Lynch) 인수 (2008)

　2008년 금융 위기 당시, Bank of America는 투자은행 메릴린치를 인수했다. 이 인수는 금융 위기 동안 금융 기관들이 겪었던 어려움을 상징적으로 보여 주며, Bank of America가 투자은행 부문에서 큰 발판을 마련하게 되었다.

(3) HSBC의 Midland Bank 인수 (1992)

HSBC는 1992년에 Midland Bank를 인수했다. 이 인수는 HSBC가 글로벌 은행으로 성장하는 데 중요한 역할을 했으며, 영국 시장에서의 입지를 크게 강화하는 계기가 되었다.

(4) Citicorp과 Travelers Group 합병 (1998)

Citicorp와 Travelers Group의 합병으로 탄생한 Citigroup은 금융 서비스의 다양한 부문을 하나로 통합하는 첫 번째 시도로, 세계 최대의 금융 서비스 제공자로 자리매김하게 되었다. 이 합병은 은행업과 보험업을 결합한 사례로 주목받았다.

(5) Wells Fargo의 Wachovia 인수 (2008)

Wells Fargo는 2008년에 Wachovia를 인수하면서 미국 내에서 큰 은행 중 하나로 자리 잡았다. 이 인수는 Wells Fargo의 전국적 확장을 도왔으며, 특히 동부 시장에서의 입지를 강화하는 계기가 되었다.

(6) Deutsche Bank의 Bankers Trust 인수 (1998)

독일의 Deutsche Bank는 1998년에 미국의 Bankers Trust를 인수했다. 이 인수는 Deutsche Bank가 글로벌 투자 은행으로 성장하는 데 중요한 역할을 했으며, 특히 미국 시장에서의 입지를 강화했다.

이러한 M&A 사례들은 금융 시장에서의 경쟁력을 강화하고 새로운 비즈니스 기회를 창출하는 데 중요한 역할을 했다. 각 인수합병 사례는 **해당 기업들의 전략적 목표와 시장 상황**에 따라 다양한 형태로 진행되었으며, 그 결과 금융 시장의 구조에도 큰 영향을 미쳤다.

● 금융 분야에서 인수합병(M&A, Mergers and Acquisitions) 관련 법률

a) 금융업 감독법
금융 기관의 인수합병에 관한 규제를 다루며, 금융 감독 기관의 승인을 받기 위한 요건과 절차를 규정한다.

b) 은행법 및 보험업법
은행과 보험회사의 M&A는 각각의 법에 따라 규제되며, 자본 요건, 리스크 관리 기준 등을 준수해야 한다.

c) 자본시장법
상장된 금융기관의 경우 자본시장법에 따라 주식 양도 및 공개 매수 절

차를 따라야 한다.

d) 공정거래법

공정거래법에 따라 일정 규모 이상의 기업결합은 공정거래위원회에 신고해야 하며, 시장 경쟁 제한 여부를 심사받아야 한다. M&A가 시장 경쟁을 제한하지 않는지 평가받고, 필요 시 시정조치를 받아야 한다.

e) 세법

인수합병 시 발생할 수 있는 세금 문제를 사전에 검토해야 한다. 양도소득세, 법인세, 부가가치세 등이 포함된다. 특정 조건을 충족할 경우 세제 혜택을 받을 수 있는지 확인한다.

f) 노동법

M&A 후 직원들의 고용 승계 문제를 해결해야 하며, 근로기준법 및 노동관계법 등을 고려해야 한다. 기존 직원들의 근로 조건이 보호되도록 해야 한다.

g) 기타 법률

- 데이터 보호법: 금융 기관의 인수합병 시 고객 데이터의 보호와 관련된 법적 요구 사항을 준수해야 한다. 개인정보 보호법과 관련된 규제도 확인해야 한다.
- 반부패 법률: 부패 방지와 관련된 법률을 준수하여 부패 및 불법 행위를 예방한다.

금융 분야의 M&A는 복잡한 규제 환경, 높은 재무적 리스크, 조직적 변화 등을 동반한다. 성공적인 M&A를 위해서는 철저한 실사, 규제 준수, 명확한 계약 체결, 문화적 통합, 법적 분쟁 관리 등이 필수적이다.

2. 바이오제약 M&A 사례분석

바이오와 제약 분야의 인수합병(M&A)은 기업들이 신약 개발, 연구 역량 강화, 시장 점유율 확대 등을 목표로 활발히 이루어지고 있다.

(1) Pfizer의 Wyeth 인수 (2009)

Pfizer는 2009년에 Wyeth를 680억 달러에 인수했다. 이 인수는 Pfizer가 백신, 바이오 의약품 및 동물 건강 부문에서의 입지를 강화하는 데 큰 역할을 했다. 또한, Wyeth의 강력한 신약 파이프라인을 통해 Pfizer의 연구개발 역량을 강화할 수 있었다.

(2) Merck의 Schering-Plough 합병 (2009)

Merck는 2009년에 Schering-Plough를 410억 달러에 인수했다. 이 합병은 Merck가 항염증제, 항바이러스제, 항암제 등의 치료 분야에서 더 강력한 제품 포트폴리오를 구축하게 했다. 또한, 두 회사의 연구 및 개발 능력을 결합하여 신약 개발에 시너지를 창출할 수 있었다.

(3) Roche의 Genentech 인수 (2009)

Roche는 2009년에 Genentech의 지분을 468억 달러에 인수하여 완전 자회사가 되었다. 이 인수는 Roche가 생명공학 분야에서 선두 주자로 자리 잡는 데 중요한 역할을 했다. 특히 Genentech의 강력한 항암제 포트폴리오와 연구 개발 역량은 Roche의 혁신적인 의약품 개발을 촉진했다.

(4) Sanofi의 Genzyme 인수 (2011)

Sanofi는 2011년에 희귀 질환 치료제 전문 기업인 Genzyme을 201억 달러에 인수했다. 이 인수는 Sanofi가 희귀 질환 치료제 시장에서의 입지를 강화하고, Genzyme의 혁신적인 연구 및 개발 능력을 통해 새로운 치료제를 개발하는 데 기여했다.

(5) AbbVie의 Allergan 인수 (2020)

AbbVie는 2020년에 보톡스 제조업체 Allergan을 630억 달러에 인수했다. 이 인수는 AbbVie가 면역학, 종양학, 미용 의약품 등 다양한 분야에서 제품 포트폴리오를 확장하고, Allergan의 강력한 제품 라인업을 통해 시장에서의 경쟁력을 강화하는 데 중요한 역할을 했다.

(6) Takeda의 Shire 인수 (2019)

일본의 다국적 제약사 Takeda는 2019년에 영국의 희귀 질환 전문 제약사 Shire를 620억 달러에 인수했다. 이 인수는 Takeda가 글로벌 바이오제약 시장에서의 입지를 크게 확장하고, 희귀 질환, 혈우병 및 소화기 질환 분야에서 강력한 포트폴리오를 구축하는 데 기여했다.

(7) Bristol-Myers Squibb의 Celgene 인수 (2019)

Bristol-Myers Squibb는 2019년에 Celgene을 740억 달러에 인수했다. 이 인수는 항암제 및 면역 치료제 분야에서의 리더십을 강화하고, 두 회사의 연구 개발 능력을 결합하여 혁신적인 치료제를 개발하는 데 중요한 역할을 했다.

이러한 M&A 사례들은 바이오 및 제약 기업들이 연구 개발 역량을 강화하고 시장 점유율을 확대하며, 다양한 치료제 포트폴리오를 통해 환자들에게 더 나은 치료 옵션을 제공하는 데 기여했다.

(8) 바이오와 제약 분야의 인수합병(M&A)교훈과 관련법률

바이오 및 제약 분야의 인수합병(M&A)은 그 특성상 기술적, 규제적, 재무적 요소가 복합적으로 얽혀 있다. 이 분야에서 M&A를 성공적으로 진행하기 위해서는 다음과 같은 교훈과 법률적 고려사항을 명확히 이해해야 한다.

1) 주요 교훈

① 철저한 기술 및 제품 실사

- 기술적 실사: 인수 대상 회사의 기술력, 연구개발 상태, 특허 포트폴리오 등을 면밀히 검토해야 한다. 특히 신약 개발 단계나 임상 시험 상태를 평가하는 것이 중요하다.
- 제품 및 파이프라인 검토: 현재와 미래의 제품 라인, 임상 시험 결과, 상용화 가능성 등을 평가하여 상업적 성공 가능성을 예측한다.

② 규제 및 승인 절차 이해

- 규제 기관의 승인: 제약 및 바이오 분야에서는 FDA(미국 식품의약국), EMA(유럽의약품청) 등 주요 규제 기관의 승인 절차를 이해하고, 이를 충족할 수 있는지 평가해야 한다.
- 법적 준수: 규제 준수 여부와 관련된 리스크를 평가하고, 필요한 인증 및 승인을 확보해야 한다.

③ 지적 재산권(IP) 관리

- 특허 및 IP 권리: 인수 대상의 특허와 기타 지적 재산권을 철저히 검토하고, 이를 보호할 수 있는 법적 조치를 취해야 한다.
- IP 포트폴리오 통합: 인수 후 IP 포트폴리오를 통합하고, 중복되거나 충돌하는 부분을 해결해야 한다.

④ 법적 및 윤리적 준수
- 윤리적 고려사항: 임상 시험 및 연구에 관련된 윤리적 준수 여부를 검토하고, 윤리적 문제가 없는지 확인해야 한다.
- 법적 리스크 평가: 인수 대상의 법적 소송, 규제 위반 기록 등을 검토하여 잠재적인 법적 리스크를 평가한다.

⑤ 문화적 통합
- 조직 문화: 서로 다른 조직 문화가 충돌하지 않도록 조직 통합 전략을 마련하고, 이를 통해 직원들의 사기와 생산성을 유지한다.

⑥ 재무적 분석
- 재무 실사: 재무 상태, 자산 및 부채 구조, 수익성 등을 분석하여 M&A의 재무적 타당성을 평가한다.
- 사업 모델 검토: 인수 대상 회사의 사업 모델과 전략이 자사와 잘 맞는지 확인하고, 통합 후의 시너지를 분석한다.

2) 관련 법률
① 의약품 및 의료기기 관련 법률
- FDA 규제: 미국에서 제약 및 바이오 기업의 M&A는 FDA의 규제를 받을 수 있으며, 신약 승인, 임상 시험, 상용화 절차 등을 검토해야 한다.
- EMA 규제: 유럽에서 제약 및 바이오 기업의 M&A는 유럽 의약품청(EMA)의 규제를 받으며, 관련 승인 절차와 요건을 충족해야 한다.

② 지적재산권법

- 특허법: 특허권의 소유권과 유효성을 검토하고, 인수합병 후 IP 포트폴리오의 보호 및 관리 전략을 수립해야 한다.
- 상표법: 상표권의 이전 및 등록 상태를 확인하고, 브랜드와 관련된 법적 문제를 검토한다.

③ 상법

- 합병 절차: 상법에 따른 주주총회 승인, 합병계약서 작성, 합병 보고 및 공시 등의 절차를 준수해야 한다.
- 주식 양도: 상장된 제약 및 바이오 기업의 경우 주식 양도 절차는 상법 및 자본시장법에 따라 이루어져야 한다.

④ 공정거래법

- 기업결합 신고: 공정거래법에 따라 일정 기준 이상의 기업결합은 공정거래위원회에 신고해야 하며, 시장 경쟁 제한 여부를 심사받아야 한다.
- 경쟁 제한성 평가: M&A가 시장 경쟁을 제한하지 않는지 평가받고, 필요 시 시정조치를 받아야 한다.

⑤ 세법

- 세무 검토: M&A 시 발생하는 세금 문제를 사전에 검토해야 하며, 양도소득세, 법인세, 부가가치세 등이 포함된다.
- 세제 혜택: 특정 조건을 충족할 경우 세제 혜택을 받을 수 있는지 확인한다.

⑥ 노동법
- 고용 승계: M&A 후 직원들의 고용 승계 문제를 해결해야 하며, 근로 기준법 및 노동관계법 등을 고려해야 한다.
- 근로 조건 보호: 기존 직원들의 근로 조건이 보호되도록 해야 한다.

바이오와 제약 분야의 M&A는 기술적, 규제적, 재무적 요소가 복합적으로 얽혀 있기 때문에 철저한 실사와 법적 검토가 필수적이다. 성공적인 M&A를 위해서는 정확한 기술 및 제품 분석, 규제 준수, 지적 재산권 관리, 법적 및 윤리적 준수, 문화적 통합, 재무적 분석 등이 중요하며, 이러한 과정에서 법률 및 재무 전문가의 조언을 받는 것이 중요하다.

3. 부동산 M&A 사례분석

부동산 분야에서도 인수합병(M&A)은 중요한 전략적 활동으로, 기업들이 포트폴리오를 확장하고 새로운 시장에 진입하며, 효율성을 제고하는 데 활용된다.

(1) Brookfield Property Partners의 GGP Inc. 인수 (2018)

Brookfield Property Partners는 2018년에 미국의 대형 쇼핑몰 운영업체 GGP Inc.를 94억 달러에 인수했다. 이 인수로 Brookfield는 미국 전역의 프라임 쇼핑몰을 포함하는 대규모 상업용 부동산 포트폴리오를 확장할 수 있었다.

(2) Blackstone Group의 Equity Office Properties Trust 인수 (2007)

사모펀드 회사인 Blackstone Group은 2007년에 Equity Office Properties

Trust를 390억 달러에 인수했다. 이 거래는 미국 역사상 최대 규모의 상업용 부동산 거래 중 하나로 기록되었으며, Blackstone은 이를 통해 대규모 오피스 빌딩 포트폴리오를 확보하게 되었다.

(3) Prologis의 DCT Industrial Trust 합병 (2018)

Prologis는 2018년에 DCT Industrial Trust를 84억 달러에 인수했다. 이 합병은 Prologis가 물류 및 산업 부동산 시장에서의 리더십을 강화하고, 북미 전역에 걸친 물류 네트워크를 확장하는 데 중요한 역할을 했다.

(4) CBRE Group의 Trammell Crow Company 인수 (2006)

CBRE Group은 2006년에 Trammell Crow Company를 22억 달러에 인수했다. 이 인수는 CBRE가 미국에서 상업용 부동산 서비스 제공업체로서의 입지를 강화하는 데 중요한 역할을 했으며, 포트폴리오와 서비스 범위를 크게 확장했다.

(5) Vornado Realty Trust의 Urban Edge Properties 스핀오프 (2015)

Vornado Realty Trust는 2015년에 Urban Edge Properties를 스핀오프하여 독립적인 공개 상장 기업으로 분사했다. Urban Edge는 주로 쇼핑센터와 같은 소매 부동산에 집중했으며, 이 스핀오프를 통해 Vornado는 주요 시장에 더 집중할 수 있게 되었다. (*스핀오프(Spin-off)는 한 기업이 특정 사업 부문이나 자회사를 독립된 새로운 회사로 분리해 내는 전략을 말한다. 이 과정에서 기존 회사의 주주들은 새로 설립된 회사의 주식을 받게 되며, 두 기업은 독립된 법인으로 각각 운영된다. 스핀오프는 주로 기업이 핵심 사업에 집중하고, 비핵심 사업을 분리하여 더 효율적으로 운영하고자 할 때 사용되는 전략이다.)

(6) Simon Property Group의 Taubman Centers 인수 (2020)

Simon Property Group은 2020년에 Taubman Centers의 지분 80%를 36억 달러에 인수했다. 이 인수는 Simon이 미국 전역에서 고급 쇼핑몰 포트폴리오를 확장하고, Taubman의 고급 소매 부동산 자산을 통해 더 많은 소비자에게 접근할 수 있게 했다.

(7) Starwood Capital Group의 Extended Stay America 인수 (2021)

Starwood Capital Group과 Blackstone Group은 2021년에 공동으로 Extended Stay America를 60억 달러에 인수했다. 이 인수는 장기 체류 호텔 시장에서의 입지를 강화하고, 다양한 고객층을 대상으로 한 부동산 자산 포트폴리오를 확장하는 데 중요한 역할을 했다.

이러한 M&A 사례들은 부동산 기업들이 전략적 목표를 달성하고 시장에서의 경쟁력을 강화하며, 더 큰 규모와 효율성을 달성하는 데 중요한 역할을 했다.

● 부동산 분야 M&A교훈과 관련법률

부동산 분야의 인수합병(M&A)은 자산 가치 평가, 규제 준수, 거래 구조화 등 다양한 측면에서 중요한 고려사항이 있다.

a) 주요 교훈

- 정확한 자산 가치 평가

부동산의 가치는 위치, 용도, 시장 동향, 물리적 상태 등 여러 요소에 따라 달라지므로, 신뢰할 수 있는 평가 기관을 통해 정확한 자산 평가를 수행해야 한다.

- 법적 및 규제 검토

부동산 거래에는 다양한 법적 및 규제 요건이 수반되므로, 해당 부동산의 법적 상태와 규제 요건을 철저히 검토해야 한다. 이는 향후 법적 분쟁이나 거래 실패를 예방하는 데 중요하다.

- 계약의 명확성

거래 계약서에는 매매 조건, 권리 및 의무, 거래 구조, 기한 등을 명확히 명시해야 한다. 특히 부동산 거래에서는 계약의 세부 사항이 매우 중요하다.

- 부동산 관련 법규 및 세금 고려

부동산 거래에 따른 세금 문제를 미리 파악하고, 거래 구조를 세금 효율적으로 설계하는 것이 중요하다.

- 실사(Due Diligence)

부동산에 대한 철저한 실사를 통해 물리적 상태, 법적 문제, 기존 계약 사항 등을 점검해야 한다. 이는 예상치 못한 문제를 예방하는 데 도움이 된다.

- 통합 계획 수립

M&A 후 부동산 자산의 관리 및 운영 계획을 수립해야 한다. 기존 자산과의 통합, 재개발, 재배치 등을 고려하여 효율적인 관리 방안을 마련해야 한다.

b) 관련 법률

- 부동산 관련 법률

부동산 거래법: 부동산의 매매 및 임대에 관한 법률은 각국에서 다를 수 있으며, 거래 과정에서의 절차 및 요구 사항을 규정한다.

토지법 및 건축법: 토지의 사용 용도 및 건축 관련 법규를 검토해야 한다. 이는 부동산 개발 및 변경에 영향을 미친다.

- 상법

합병 절차: 상법에 따라 주주총회 승인, 합병계약서 작성, 합병 보고

및 공시 등의 절차를 준수해야 한다.

주식 양도: 상장된 기업의 경우 주식 양도 절차는 상법 및 자본시장법에 따라 이루어져야 한다.

- 세법

양도소득세: 부동산 양도 시 발생하는 양도소득세를 검토해야 한다. 거래에 따라 세금이 크게 달라질 수 있다.

법인세: 법인에 의해 보유된 부동산의 양도 시 법인세 문제를 고려해야 한다.

부가가치세: 상업용 부동산 거래 시 부가가치세(VAT) 문제를 검토해야 한다.

- 공정거래법

기업결합 신고: 공정거래법에 따라 일정 기준 이상의 기업결합은 공정거래위원회에 신고해야 하며, 시장 경쟁 제한 여부를 심사받아야 한다.

- 환경법

환경 규제: 부동산 개발 및 운영에는 환경법이 적용될 수 있으며, 환경 영향 평가 및 규제를 준수해야 한다. 특히 재개발 또는 신규 개발 시 환경 영향을 검토해야 한다.

- 노동법

  고용 승계: M&A 후 직원들의 고용 승계 문제를 해결해야 한다. 근로
  기준법 및 노동관계법 등을 고려해야 한다.

부동산 분야의 M&A는 자산 가치 평가, 법적 검토, 계약 명확성, 세금
및 규제 준수 등 복잡한 요소가 포함된다. 성공적인 부동산 M&A를 위해
서는 철저한 실사, 정확한 계약 체결, 규제 준수, 세금 고려가 필요하다.
이를 위해 법률 및 재무 전문가와의 협력이 중요하다.

4. 반도체 M&A 사례분석

반도체 분야에서의 인수합병(M&A)은 기술 혁신, 시장 점유율 확대, 연구개발 역량 강화 등을 목적으로 활발히 이루어지고 있다.

(1) Broadcom의 Qualcomm 인수 시도 (2018)

Broadcom은 2018년에 Qualcomm을 약 1,170억 달러에 인수하려고 했다. 이는 반도체 산업 역사상 최대 규모의 거래가 될 뻔했지만, 미국 정부의 국가 안보 우려로 인해 최종적으로 무산되었다.

(2) NVIDIA의 Arm 인수 (2020)

NVIDIA는 2020년에 SoftBank로부터 Arm Holdings를 400억 달러에 인수한다고 발표했다. 이 인수는 인공지능, 사물인터넷(IoT), 데이터센터 등의 분야에서 NVIDIA의 기술력과 Arm의 저전력 프로세서 설계 역량을 결합하여 강력한 시너지를 창출할 것으로 기대되었다. 그러나 이 거래는 당시의 규제 문제로 인해 2022년에 무산되었다.

(3) AMD의 Xilinx 인수 (2020)

AMD는 2020년에 Xilinx를 약 350억 달러에 인수한다고 발표했다. Xilinx는 FPGA(Field Programmable Gate Array) 기술을 보유한 회사로, AMD는 이를 통해 데이터센터, 통신, 자동차 등의 다양한 시장에서 포트폴리오를 확장하고 경쟁력을 강화할 수 있었다.

(4) Intel의 Altera 인수 (2015)

Intel은 2015년에 Altera를 167억 달러에 인수했다. Altera는 FPGA 기술의 선두주자로, Intel은 이 인수를 통해 데이터센터와 사물인터넷 시장에서의 경쟁력을 강화하고, 프로그래머블 반도체 솔루션을 자사 제품 라인업에 통합할 수 있었다.

(5) Qualcomm의 NXP Semiconductors 인수 시도 (2016)

Qualcomm은 2016년에 NXP Semiconductors를 470억 달러에 인수한다고 발표했다. NXP는 자동차, 보안, 사물인터넷 시장에서 강력한 포트폴리오를 보유한 회사로, 이 인수는 Qualcomm이 다양한 시장에서의 입지를 확대하는 데 중요한 전략이었다. 그러나 이 거래는 2018년에 중국 규제 당국의 승인을 받지 못해 최종적으로 무산되었다.

(6) Texas Instruments의 National Semiconductor 인수 (2011)

Texas Instruments(TI)는 2011년에 National Semiconductor를 65억 달러에 인수했다. 이 인수는 TI가 아날로그 반도체 시장에서의 리더십을 강화하고, National Semiconductor의 제품 라인업과 기술을 통합하여 더 넓은 시장 기회를 모색하는 데 기여했다.

(7) Avago Technologies의 Broadcom 인수 (2015)

Avago Technologies는 2015년에 Broadcom을 370억 달러에 인수했다. 이 인수는 Avago가 통신 반도체 시장에서의 입지를 강화하고, 두 회사의 기술력과 시장 지위를 결합하여 글로벌 반도체 업계에서 중요한 플레이어로 부상하는 데 기여했다. 인수 후 Avago는 Broadcom의 이름을 따서 Broadcom Inc.로 사명을 변경했다.

이러한 M&A 사례들은 반도체 기업들이 기술적 우위를 확보하고, 다양한 시장에서 경쟁력을 강화하며, 혁신적인 제품을 개발하는 데 중요한 역할을 했다.

● 반도체분야 M&A교훈과 관련법률
반도체 분야의 인수합병(M&A)은 기술 혁신, 시장 확대, 경쟁력 강화 등의 이유로 매우 중요한 전략적 선택이다.

a) 주요 교훈

- 기술 및 IP 확보

반도체 산업은 기술 집약적인 분야로, 인수 대상 회사의 기술력과 지적재산권(IP)을 면밀히 평가해야 한다. 이를 통해 기술적 우위를 확보하고 경쟁력을 강화할 수 있다.

- 시장 진입 및 확대

인수합병을 통해 새로운 시장에 진입하거나 기존 시장에서의 점유율을 확대할 수 있다. 이를 위해 대상 회사의 시장 위치와 고객 기반을 분석하는 것이 중요하다.

- 문화 및 조직 통합

반도체 기업 간의 인수합병은 조직 문화와 운영 방식의 차이를 극복해야 한다. 문화적 통합과 조직 관리가 중요하며, 이를 위해 명확한 커뮤니케이션과 통합 전략이 필요하다.

- 공급망 관리

반도체 산업은 복잡한 공급망을 가지고 있기 때문에, 인수합병 후 공급망의 안정성과 효율성을 유지하는 것이 중요하다. 기존의 공급업체 관계와 물류 체계를 분석하고 최적화해야 한다.

- 규제 및 법적 검토

반도체 산업은 국가 안보와 관련된 민감한 분야로, 관련 규제와 법적 요건을 철저히 준수해야 한다. 각국의 규제 기관과 협력하고 필요한 승인을 받는 것이 중요하다.

b) 관련 법률

- 상법

합병 절차: 상법에 따른 주주총회 승인, 합병계약서 작성, 합병 보고 및 공시 등의 절차를 준수해야 한다.

주식 양도: 주식 양도 절차는 상법과 자본시장법에 따라 이루어져야 한다.

- 공정거래법

기업결합 신고: 공정거래법에 따라 일정 기준 이상의 기업결합은 공정거래위원회에 신고해야 하며, 시장 경쟁 제한 여부를 심사받아야 한다.

경쟁 제한성 평가: M&A가 시장 경쟁을 제한하지 않는지 평가받고, 필요 시 시정조치를 받아야 한다.

- 국가안보 관련 규제

CFIUS(Committee on Foreign Investment in the United States: 외국인 투자위원회): 미국 내 반도체 기업 인수합병 시 외국인 투자에 대한 국가안보 심사를 받는 경우가 많다.

EU 경쟁법: 유럽연합 내에서의 반도체 기업 인수합병은 EU 경쟁법에 따라 심사를 받아야 한다.

- 지적재산권법

IP 권리 이전: 반도체 기업의 중요한 자산인 지적재산권(IP)의 소유권 이전 절차를 명확히 해야 한다. 이는 특허, 상표, 저작권 등을 포함한다.

라이선스 계약 검토: 기존 라이선스 계약의 승계 문제를 검토해야 한다.

- 노동법

고용 승계: 직원들의 고용 승계 문제를 해결해야 한다. 근로기준법, 노동조합 및 노동관계조정법 등을 고려해야 한다.

근로 조건 보호: 기존 직원들의 근로 조건이 보호되도록 해야 한다.

반도체 분야의 M&A는 기술 확보, 시장 확대, 경쟁력 강화 등의 이유로 매우 중요하지만, 여러 법률적, 재무적, 운영적 측면에서 복잡한 과정이다. 성공적인 M&A를 위해서는 명확한 전략 수립, 철저한 실사, 문화적 통합, 공급망 관리, 그리고 법적 준수가 필수적이다.

5. 스타트업 M&A 사례분석

스타트업 인수합병(M&A)은 대기업이 기술 혁신을 가속화하고 새로운 시장에 진입하며 경쟁 우위를 확보하는 데 중요한 전략이다.

(1) Facebook의 Instagram 인수 (2012)

Facebook은 2012년에 사진 공유 소셜 네트워크인 Instagram을 10억 달러에 인수했다. 이 인수는 Facebook이 모바일 중심의 사용자 경험을 강화하고, 젊은 사용자층을 확보하며, 소셜 미디어 시장에서의 지배력을 확대하는 데 중요한 역할을 했다.

(2) Google의 YouTube 인수 (2006)

Google은 2006년에 동영상 공유 플랫폼 YouTube를 16.5억 달러에 인수했다. 이 인수는 Google이 온라인 동영상 시장에 진입하고, 사용자 생성 콘텐츠 플랫폼을 통해 광고 수익을 극대화하는 데 기여했다. 현재

YouTube는 세계 최대의 동영상 공유 사이트로 자리 잡았다.

(3) Amazon의 Zappos 인수 (2009)

Amazon은 2009년에 온라인 신발 및 의류 소매업체 Zappos를 12억 달러에 인수했다. 이 인수는 Amazon이 패션 및 의류 시장에서의 입지를 강화하고, Zappos의 고객 서비스 철학과 문화를 통해 고객 만족도를 높이는 데 도움이 되었다.

(4) Microsoft의 LinkedIn 인수 (2016)

Microsoft는 2016년에 전문 네트워킹 플랫폼 LinkedIn을 262억 달러에 인수했다. 이 인수는 Microsoft가 기업 소프트웨어와 클라우드 서비스에서의 역량을 강화하고, LinkedIn의 사용자 데이터와 네트워킹 기능을 활용하여 비즈니스 솔루션을 확대하는 데 기여했다.

(5) Apple의 Beats Electronics 인수 (2014)

Apple은 2014년에 오디오 장비 제조업체이자 음악 스트리밍 서비스 제공업체인 Beats Electronics를 30억 달러에 인수했다. 이 인수는 Apple이 음악 스트리밍 시장에서 경쟁력을 강화하고, Beats의 프리미엄 오디오 제품 라인업을 통해 하드웨어 포트폴리오를 확장하는 데 도움이 되었다.

(6) Salesforce의 Slack 인수 (2020)

Salesforce는 2020년에 협업 소프트웨어 스타트업 Slack을 277억 달러에 인수했다. 이 인수는 Salesforce가 고객 관계 관리(CRM) 솔루션과 Slack의 협업 도구를 결합하여 디지털 업무 환경을 혁신하고, 기업 소프트웨어 시장에서의 경쟁력을 강화하는 데 중요한 역할을 했다.

(7) Intel의 Mobileye 인수 (2017)

Intel은 2017년에 자율주행 기술 스타트업 Mobileye를 153억 달러에 인수했다. 이 인수는 Intel이 자율주행차 시장에서의 입지를 강화하고, Mobileye의 첨단 운전자 지원 시스템(ADAS) 기술을 통해 자율주행차 개발을 가속화하는 데 기여했다.

(8) Facebook의 WhatsApp 인수 (2014)

Facebook은 2014년에 메신저 앱 WhatsApp을 190억 달러에 인수했다. 이 인수는 Facebook이 글로벌 메신저 시장에서의 지배력을 강화하고, WhatsApp의 대규모 사용자 기반을 통해 광고 및 기타 수익 창출 기회를 확대하는 데 중요한 역할을 했다.

이러한 M&A 사례들은 대기업들이 혁신적인 스타트업을 인수하여 기술력을 확보하고, 시장에서의 경쟁력을 강화하며, 새로운 비즈니스 기회를 창출하는 데 어떻게 성공적으로 활용했는지를 보여 준다.

● 스타트업 M&A교훈과 관련법률

스타트업의 인수합병(M&A) 과정은 성장과 확장의 중요한 방법 중 하나로, 성공적인 M&A를 위해서는 여러 교훈과 관련 법률을 이해하는 것이 중요하다.

a) 주요 교훈

- 명확한 전략 수립

M&A의 목적과 목표를 명확히 정의하고, 이를 달성하기 위한 전략을 수립해야 한다. 인수합병을 통한 시장 확대, 기술 확보, 인재 영입 등 구체적인 목표를 설정한다.

- 철저한 실사(Due Diligence)

재무, 법률, 운영, 기술 등 다양한 측면에서 철저한 실사를 통해 인수 대상 회사의 위험 요소를 식별하고 평가해야 한다. 이는 잠재적 문제를 미리 발견하고 해결책을 마련하는 데 필수적이다.

- 문화적 통합

인수합병 후 두 회사의 조직 문화가 충돌하지 않도록 문화적 통합 전략을 마련해야 한다. 이는 직원들의 사기와 생산성에 큰 영향을 미친다.

- 적절한 가치 평가

인수 대상 회사의 가치를 정확하게 평가하는 것이 중요하다. 과대평가나 과소평가를 피하기 위해 공정한 평가 방법을 사용한다.

- 법적 준수

관련 법률과 규제를 철저히 준수해야 한다. 법률적 문제로 인해 M&A가 실패하거나 추후 문제가 발생할 수 있으므로, 전문가의 도움을 받아 법적 검토를 철저히 해야 한다.

b) 관련 법률
- 상법

합병 절차: 상법에 따라 주주총회 승인, 합병계약서 작성, 합병 보고 및 공시 등의 절차를 준수해야 한다.

주식 양도: 주식 양도 절차는 상법과 자본시장법에 따라 이루어져야 한다.

- 공정거래법

기업결합 신고: 일정 기준 이상의 기업결합은 공정거래위원회에 신고해야 하며, 시장 경쟁 제한 여부를 심사받아야 한다.

경쟁 제한성 평가: M&A가 시장 경쟁을 제한하지 않는지 평가받고, 필요 시 시정조치를 받아야 한다.

- 세법

  세무 검토: 인수합병 시 발생하는 세금 문제를 사전에 검토해야 한다. 이는 양도소득세, 법인세, 증여세 등을 포함한다.

  세제 혜택: 특정 조건을 충족할 경우 세제 혜택을 받을 수 있다.

- 노동법

  고용 승계: 직원들의 고용 승계 문제를 해결해야 한다. 근로기준법, 노동조합 및 노동관계조정법 등을 고려해야 한다.

  근로 조건 보호: 기존 직원들의 근로 조건이 보호되도록 해야 한다.

- 지적재산권법

  IP 권리 이전: 스타트업의 중요한 자산인 지적재산권(IP)의 소유권 이전 절차를 명확히 해야 한다. 이는 특허, 상표, 저작권 등을 포함한다.

  라이선스 계약 검토: 기존 라이선스 계약의 승계 문제를 검토해야 한다.

스타트업 M&A는 성공적인 성장 전략이 될 수 있지만, 법적, 재무적, 운영적 측면에서 많은 도전 과제가 따른다. 명확한 전략 수립, 철저한 실사, 문화적 통합, 적절한 가치 평가, 그리고 법적 준수가 성공적인 M&A를 위한 핵심 요소이다.

6. 병원 M&A 사례분석

병원 및 헬스케어 분야에서의 인수합병(M&A)은 의료 서비스의 질을 향상시키고, 비용 효율성을 높이며, 시장 점유율을 확대하는 중요한 전략이다. 다음은 주목할 만한 병원 M&A 사례들과 각 사례에서 얻을 수 있는 교훈이다.

(1) HCA Healthcare의 Mission Health 인수 (2018)

1) 사례 설명

HCA Healthcare는 2018년에 Mission Health를 15억 달러에 인수했다. Mission Health는 노스캐롤라이나 주에서 가장 큰 병원 시스템 중 하나로, 이 인수로 HCA는 지역 내에서의 입지를 강화하고 더 많은 환자들에게 접근할 수 있게 되었다.

2) 교훈: 지역 시장 확대의 중요성

지역 병원 시스템 인수를 통해 HCA는 특정 지역에서의 시장 점유율을 확대하고, 현지 환자들에게 더 나은 접근성을 제공할 수 있었다. 이는 특정 지역에서의 입지를 강화하는 전략이 중요함을 보여 준다.

(2) Tenet Healthcare의 Vanguard Health Systems 인수 (2013)

1) 사례 설명

Tenet Healthcare는 2013년에 Vanguard Health Systems를 43억 달러에 인수했다. 이 인수로 Tenet은 병원 네트워크를 확장하고 다양한 지역에서의 서비스를 강화했다.

2) 교훈: 네트워크 확장의 중요성

병원 네트워크를 확장함으로써 규모의 경제를 실현하고 운영 효율성을 높일 수 있었다. 이는 병원 시스템이 네트워크를 확장하여 비용 절감과 서비스 향상을 동시에 추구할 수 있다는 교훈을 제공한다.

(3) CVS Health의 Aetna 인수 (2018)

1) 사례 설명

CVS Health는 2018년에 건강 보험사 Aetna를 690억 달러에 인수했다. 이 인수는 약국 체인과 건강 보험의 결합을 통해 통합적인 헬스케어 솔루션을 제공하려는 전략적 움직임이었다.

2) 교훈: 통합 헬스케어 솔루션의 중요성

약국과 보험사의 통합으로 환자들에게 보다 포괄적인 헬스케어 서비스를 제공할 수 있게 되었다. 이는 헬스케어의 통합적 접근이 환자에게 더 나은 서비스를 제공하고, 비용을 절감할 수 있다는 교훈을 준다.

(4) Community Health Systems의 Health Management Associates 인수 (2014)

1) 사례 설명

Community Health Systems는 2014년에 Health Management Associates를 37억 달러에 인수했다. 이 인수로 Community Health Systems는 병원 수를 크게 늘리고 다양한 지역에서의 입지를 확대했다.

2) 교훈: 다각화된 서비스 제공의 중요성

다양한 지역에 병원을 소유함으로써 시장의 변동성에 대비하고, 각 지역의 특수한 의료 요구에 맞춤형 서비스를 제공할 수 있었다. 이는 서비스 제공의 다각화가 중요함을 보여 준다.

(5) Ascension과 Presence Health 합병 (2018)

1) 사례 설명

Ascension은 2018년에 Presence Health를 합병했다. Presence Health는 일리노이 주에서 큰 병원 시스템 중 하나로, 이 합병으로 Ascension은 일리노이 주에서의 입지를 강화했다.

2) 교훈: 합병을 통한 서비스 질 향상

합병을 통해 더 큰 자원을 바탕으로 의료 서비스의 질을 향상시키고, 환자에게 더 나은 치료를 제공할 수 있었다. 이는 합병이 서비스 질 향상의 중요한 도구가 될 수 있음을 보여 준다.

(6) UnitedHealth Group의 DaVita Medical Group 인수 (2019)

1) 사례 설명

UnitedHealth Group은 2019년에 DaVita Medical Group을 49억 달러에 인수했다. 이 인수로 UnitedHealth의 OptumCare 부문은 의료 서비스 제공 능력을 크게 확장했다.

2) 교훈: 의료 서비스 제공 능력의 확장

보험사와 의료 서비스 제공자의 통합을 통해 더 많은 데이터를 활용하고, 예방적 의료 서비스를 강화할 수 있었다. 이는 의료 서비스 제공 능력을 확장하는 것이 장기적인 비용 절감과 환자 건강 개선에 중요하다는 교훈을 준다.

이러한 사례들은 병원 및 헬스케어 분야에서 M&A가 전략적 성장과 서비스 개선, 비용 절감에 어떻게 기여할 수 있는지를 보여 준다. M&A는 단순히 기업을 합치는 것 이상의 의미를 가지며, 환자들에게 더 나은 서비스를 제공하고 기업의 경쟁력을 강화하는 데 중요한 역할을 한다.

● 병원 M&A관련 법률

병원 M&A(인수합병) 관련 법률은 매우 복잡하며 여러 법률과 규제를 포함한다. 병원의 인수합병 과정에서는 특히 의료법, 상법, 공정거래법, 세법 등 다양한 법률이 적용된다.

a) 의료법
- 병원의 설립 및 운영 요건: 의료기관은 의료법에 따라 설립 및 운영되어야 하며, 인수합병 과정에서도 이러한 요건을 충족해야 한다.
- 의료인의 자격: 병원을 운영하는 주체는 의료인의 자격을 갖추어야 하며, 인수합병 시에도 이를 확인해야 한다.
- 의료기관의 양도/양수 신고: 의료기관의 양도나 양수는 보건복지부 장관에게 신고해야 하며, 적법한 절차를 거쳐야 한다.

b) 상법
- 인수합병 절차: 상법에 따른 회사의 합병 및 분할 절차를 준수해야 한다. 주주총회 승인, 합병계약서 작성, 합병보고 및 공시 등의 절차가 필요하다.
- 주식의 양도: 상장된 병원의 경우 주식 양도 절차가 상법 및 자본시장법에 따라 이루어져야 한다.

c) 공정거래법
- 기업결합 신고: 일정 기준 이상의 기업결합은 공정거래위원회에 신고해야 하며, 독과점 우려가 없는지 심사받아야 한다.

- 경쟁 제한성 평가: 인수합병이 시장 경쟁을 제한하지 않는지 평가받아야 하며, 필요 시 공정거래위원회의 시정조치를 받아야 할 수 있다.

d) 세법
- 세무 검토: 인수합병 시 발생하는 세금 문제를 사전에 검토해야 한다. 여기에는 양도소득세, 법인세, 증여세 등이 포함된다.
- 세제 혜택: 특정 조건을 충족할 경우 세제 혜택을 받을 수 있는 경우도 있다.

e) 기타 고려사항
- 고용법: 병원 인수합병 시 직원들의 고용 승계 문제를 해결해야 한다. 근로기준법, 노동조합 및 노동관계조정법 등을 고려해야 한다.
- 계약법: 병원이 체결한 기존 계약의 승계 문제를 검토해야 한다. 주요 공급 계약, 임대 계약, 보험 계약 등이 포함된다.
- 자산 평가: 병원의 자산 및 부채를 정확히 평가하여 공정한 거래가 이루어지도록 해야 한다.

병원 M&A는 법적, 재무적, 운영적 측면에서 복잡한 절차가 수반되므로 전문 법률 자문과 재무 자문을 받는 것이 중요하다. 각 단계에서 필요한 법적 절차를 정확히 준수하여 법적 리스크를 최소화하고 성공적인 인수합병을 이루는 것이 중요하다.

7. 회생기업 M&A 사례분석

　회생기업 인수합병(M&A)은 어려움에 처한 기업을 인수하여 구조조정을 통해 회생시키는 전략적 움직임이다. 이러한 M&A는 구조조정, 운영 효율성 향상, 새로운 시장 기회 모색 등의 목적으로 수행된다.

(1) Fiat의 Chrysler 인수 (2009)

1) 사례 설명
　이탈리아의 자동차 제조업체 Fiat는 2009년에 파산 보호를 신청한 미국의 Chrysler를 인수했다. Fiat는 초기 지분을 20%에서 시작하여 점진적으로 Chrysler를 완전히 인수했다.

2) 교훈: 점진적 접근의 효과
　Fiat는 단계적으로 지분을 늘려가며 Chrysler를 회생시켰다. 이는 급격한 변화 대신 점진적 접근을 통해 리스크를 줄이고 기업을 성공적으로 회생시키는 전략의 중요성을 보여 준다.

(2) KKR의 Toys "R" Us 인수 (2005)

1) 사례 설명

사모펀드 KKR은 2005년에 Toys "R" Us를 인수하여 구조조정과 사업 재편성을 시도했다. 그러나 높은 부채와 온라인 경쟁의 압박으로 인해 Toys "R" Us는 2017년에 파산을 신청했다.

2) 교훈: 부채 관리와 시장 변화의 중요성

Toys "R" Us 사례는 회생 기업 인수 시 부채 관리의 중요성과 시장 변화에 대한 대응의 필요성을 강조한다. 높은 부채는 회생 가능성을 줄이고, 빠르게 변화하는 시장 환경에 적응하지 못하면 실패할 수 있다.

(3) Berkshire Hathaway의 Burlington Northern Santa Fe (BNSF) 철도 인수 (2009)

1) 사례 설명

Warren Buffett의 Berkshire Hathaway는 2009년에 BNSF 철도를 약 440억 달러에 인수했다. BNSF는 당시 경제 침체로 인해 어려움을 겪고 있었다.

2) 교훈: 장기적 관점의 중요성

Berkshire Hathaway는 장기적 관점에서 BNSF의 가치를 인식하고 인수했다. 이는 단기적 어려움에만 집중하지 않고, 장기적인 성장 가능성을 고려하는 전략의 중요성을 보여 준다.

(4) Sun Capital Partners의 Marsh Supermarkets 인수 (2006)

1) 사례 설명

사모펀드 Sun Capital Partners는 2006년에 어려움을 겪고 있던 Marsh Supermarkets를 인수하여 구조조정을 시도했다. 그러나 구조조정이 실패하며 Marsh Supermarkets는 2017년에 파산을 신청했다.

2) 교훈: 효과적인 구조조정의 필요성

구조조정 실패는 회생 기업의 지속 가능성을 위협한다. 이는 회생 기업 인수 후 철저하고 효과적인 구조조정 계획의 중요성을 강조한다.

(5) Amazon의 Whole Foods 인수 (2017)

1) 사례 설명

Amazon은 2017년에 Whole Foods를 137억 달러에 인수했다. Whole Foods는 당시 높은 가격 정책과 경쟁 심화로 어려움을 겪고 있었다.

2) 교훈: 혁신적 접근의 중요성

Amazon은 Whole Foods를 인수한 후 가격 정책을 수정하고, 온라인 유통망과 통합하여 회생을 성공적으로 이끌었다. 이는 혁신적인 접근이 회생 기업의 성공에 중요한 역할을 할 수 있음을 보여 준다.

(6) Air Canada와 Canadian Airlines 합병 (2001)

1) 사례 설명

Air Canada는 2001년에 파산 상태였던 Canadian Airlines를 합병했다. 이 합병은 캐나다 항공 시장에서의 경쟁력을 높이기 위한 전략적 결정이었다.

2) 교훈: 통합을 통한 경쟁력 강화

두 항공사의 합병을 통해 Air Canada는 시장 점유율을 확대하고, 운영 효율성을 높일 수 있었다. 이는 통합을 통한 경쟁력 강화와 비용 절감의 중요성을 강조한다.

이러한 사례들은 회생 기업의 인수합병이 리스크가 높지만, 전략적 접근을 통해 성공적으로 회생시키고 가치를 창출할 수 있음을 보여 준다. 중요한 교훈으로는 점진적 접근, 부채 관리, 장기적 관점, 효과적인 구조조정, 혁신적 접근, 그리고 통합을 통한 경쟁력 강화가 있다.

● 미국의 회생기업 M&A 관련 법률

a) 파산법 (Bankruptcy Code)

- 챕터 11 (Chapter 11) 재조정 절차: 기업이 재정적 어려움에 처했을 때, 챕터 11을 통해 재조정 절차를 진행할 수 있다. 이는 기업이 부채를 재조정하고 운영을 지속할 수 있도록 한다. 인수합병은 챕터 11 절

차의 일환으로 이루어질 수 있다.

- 자동 정지 (Automatic Stay): 챕터 11 신청 시 자동으로 채권자들이 기업 자산을 압류하거나 회수하는 것을 중단시킨다. 이는 기업이 회생 계획을 세우는 동안 보호를 받도록 한다.

b) 하틀리-로드리지 법 (Hart-Scott-Rodino Antitrust Improvements Act, HSR Act)

- 반독점 심사: 기업 인수합병이 독점적 행위를 방지하고 경쟁을 보호하는지 확인하기 위해 연방거래위원회(FTC)와 법무부(DOJ)가 반독점 심사를 수행한다. 일정 규모 이상의 거래는 HSR Act에 따라 신고하고 승인을 받아야 한다.

c) 증권법 (Securities Act) 및 증권거래법 (Securities Exchange Act)

- 공시 의무: 상장 기업의 경우 인수합병 관련 정보를 정확하고 신속하게 공시해야 한다. 이는 투자자 보호와 시장 투명성을 위한 것이다.

● 한국의 회생기업 M&A 관련 법률

a) 채무자 회생 및 파산에 관한 법률 (채무자회생법)

- 회생절차: 기업이 회생 절차를 통해 부채를 조정하고, 사업을 지속할 수 있도록 한다. 이 과정에서 인수합병이 회생계획의 일환으로 이루어질 수 있다.

- 자동채권 보호: 회생절차가 개시되면 채권자들이 채권을 행사하는 것

을 자동으로 중지시키고, 회생계획에 따라 채무를 조정한다.

b) 공정거래법 (Fair Trade Act)

- 기업결합 심사: 인수합병이 공정한 경쟁을 저해하지 않는지 확인하기 위해 공정거래위원회가 심사를 수행한다. 일정 규모 이상의 거래는 사전 신고하고 승인을 받아야 한다.

c) 상법 (Commercial Act)

- 주주 및 채권자 보호: 인수합병 절차에서 주주와 채권자의 권리를 보호하기 위한 규정을 포함하고 있다. 이는 합병 계약, 주주총회 승인, 채권자 보호 절차 등을 포함한다.

● 주요 고려사항

a) 채권자 보호

회생 절차 중 인수합병이 이루어질 경우, 채권자의 권리와 이익을 보호하기 위한 다양한 절차와 법적 규제가 존재한다.

b) 주주 승인

인수합병은 주주총회에서의 승인 절차를 거쳐야 하며, 이는 상법과 회사 정관에 따라 이루어진다.

c) 공시 및 정보 공개

인수합병과 관련된 중요한 정보는 정확하고 신속하게 공개되어야 한다. 이는 투자자 보호와 시장의 투명성을 유지하기 위한 것이다.

d) 반독점 규제

인수합병이 경쟁을 저해하지 않는지 확인하기 위해 반독점 규제 당국의 심사와 승인이 필요하다.

회생기업 인수합병은 법률과 규제의 엄격한 준수가 요구되며, 이해 관계자들의 권리와 이익을 보호하기 위한 다양한 절차가 포함되어 있다. 이러한 법적 틀 안에서 기업들은 회생을 위한 전략적 결정을 내릴 수 있다.

8. 경기침체와 M&A 사례분석

경기침체와 M&A는 기업 경영에 중요한 영향을 미치는 요소이다. 경기 침체기에는 기업 가치가 하락하고, 자금 조달이 어려워지지만, 반대로 기회를 잘 활용하면 저평가된 자산을 인수해 장기적인 수익을 기대할 수 있다.

(1) IBM의 레드햇 인수 (2018)

1) 사례 개요

IBM은 경기 침체 시기에도 미래 성장 가능성을 확보하기 위해 2018년 340억 달러에 오픈소스 소프트웨어 회사인 레드햇을 인수했다. 이 인수는 당시 클라우드 컴퓨팅 시장에서의 IBM의 위치를 강화하려는 전략적 판단이었다.

2) 시사점

① 미래 성장 동력 확보 : 경기침체기에도 기술 및 혁신 분야에 대한 투자는 향후 경제 회복기에 큰 성과를 가져올 수 있다. IBM은 레드햇

을 통해 클라우드 시장에서 경쟁력을 강화할 수 있었고, 이는 경기
회복 후에도 기업 성장을 이끄는 중요한 요소가 되었다.

② 적극적인 전략적 인수: 경기침체로 시장이 위축되었을 때, 기업들은
기존 자산에만 의존하는 것이 아니라, 새로운 성장 동력을 확보하는
것이 중요하다.

(2) 디즈니의 21세기 폭스 인수 (2019)

1) 사례 개요

디즈니는 2019년에 21세기 폭스를 713억 달러에 인수했다. 경기침체
기에 콘텐츠 산업은 타격을 입었지만, 디즈니는 이 인수를 통해 콘텐츠와
스트리밍 플랫폼을 강화하며 장기적 성장을 위한 기반을 다졌다.

2) 시사점

① 규모의 경제 실현 : 경기침체기에는 시장 통합이 가속화될 수 있으
며, 이를 통해 규모의 경제를 실현할 수 있다. 디즈니는 폭스 인수를
통해 콘텐츠 라이브러리를 대폭 확대하고, 글로벌 시장에서 경쟁력
을 강화할 수 있었다.

② 경기침체기에도 대형 거래의 필요성 : 경기침체기에도 대규모 거래
는 리스크가 크지만, 적절한 시장 분석과 전략적 계획이 동반될 경
우, 장기적 성공을 도모할 수 있다.

(3) 페이스북(메타)의 인스타그램 인수 (2012)

1) 사례 개요

2012년, 글로벌 금융위기 후 회복세에 있던 시기에 페이스북은 인스타그램을 약 10억 달러에 인수했다. 당시에는 페이스북이 큰 비용을 들여 작은 소셜 미디어 회사를 인수하는 것이 위험해 보였으나, 이 인수는 결국 소셜 미디어 시장에서 페이스북의 지배력을 더욱 강화하는 계기가 되었다.

2) 시사점

① 시장 선점을 위한 공격적 인수 : 경기침체 후 회복기에는 경쟁이 약화된 시장에서 기회를 선점하는 것이 중요하다. 페이스북은 당시 소셜 미디어 시장의 경쟁자가 늘어나기 전에 인스타그램을 인수함으로써 경쟁 우위를 점했다.

② 회복기 투자 전략: 경기 침체 후 회복기에는 빠르게 성장하는 스타트업을 타겟으로 투자하는 전략이 유효할 수 있다. 시장 상황이 개선될 때 성장 잠재력이 큰 기업을 인수하는 것은 높은 투자 수익률을 기대할 수 있다.

(4) GE의 NBC 유니버설 지분 매각 (2009)

1) 사례 개요

GE는 2009년 금융위기 후 자금난을 해결하기 위해 NBC 유니버설의 지분 51%를 136억 달러에 컴캐스트에 매각했다. 이는 GE가 자산을 구조조정하고 핵심 사업에 집중하는 데 중요한 역할을 했다.

2) 시사점

① 핵심 사업 집중: 경기 침체기에는 비핵심 자산을 매각하고, 핵심 사업에 집중하는 것이 생존과 성장에 중요하다. GE는 핵심 산업에 자원을 집중시키기 위해 NBC 유니버설 지분을 매각하는 전략적 결정을 내렸다.

② 유동성 확보: 경기침체기에 현금 유동성 확보는 기업의 생존에 필수적이다. GE는 비핵심 자산 매각을 통해 유동성을 확보하고, 재정 건전성을 유지할 수 있었다.

(5) 결론 및 시사점

경기침체 시기에는 자산 가치 하락과 유동성 부족으로 인해 기업들이 어려움을 겪을 수 있지만, 기회를 잘 활용한 M&A 전략은 기업 성장의 새로운 발판을 마련할 수 있다. 특히, 저평가된 자산을 매입하거나 미래 성장 가능성이 높은 시장에 진출하는 것이 중요하다. 동시에, 비핵심 자산을 매각해 재무 구조를 개선하고, 핵심 역량에 집중하는 전략도 경기침체기의 생존을 위한 핵심 요소로 작용할 수 있다.

9. 지역경제와 M&A 사례분석

지역경제 활성화와 M&A(인수합병)는 기업뿐만 아니라 지역사회와 경제 전반에 큰 영향을 미친다. 성공적인 M&A는 지역 경제에 고용 창출, 투자 증대, 인프라 개선 등의 긍정적인 영향을 미칠 수 있다.

(1) 테슬라의 솔라시티 인수 (2016)

1) 사례 개요

테슬라는 2016년 친환경 에너지 사업 확장을 목적으로 태양광 발전업체 솔라시티(SolarCity)를 약 26억 달러에 인수했다. 이 인수는 태양광 패널을 생산하고 있는 미국 내 여러 주에 있는 제조시설의 확장을 통해 지역 경제에 기여하게 되었다. 특히, 뉴욕주의 버팔로 공장에서 많은 고용 창출이 이루어졌다.

2) 시사점

① 지역 고용 창출: 테슬라의 솔라시티 인수는 지역에 새로운 일자리를

제공하며 지역 경제 활성화에 기여했다. 대규모 제조시설을 기반으로 지역 경제에 활력을 불어넣는 것이 중요하다는 점을 보여 준다.

② 지속 가능한 에너지 산업: 친환경 에너지 산업은 지역 경제에 장기적이고 지속 가능한 발전을 가능하게 한다. 이 사례는 미래 산업에 투자함으로써 지역 경제에 긍정적인 영향을 미칠 수 있다는 점을 강조한다.

(2) 아마존의 홀푸드(Whole Foods) 인수 (2017)

1) 사례 개요

아마존은 2017년 137억 달러에 프리미엄 식료품 체인 홀푸드를 인수했다. 이 인수는 아마존이 지역 경제에 영향을 미치는 오프라인 유통 시장으로의 확장을 의미했다. 홀푸드 매장은 전국 여러 지역에 걸쳐 운영되고 있었으며, 아마존의 인수 이후 각 지역의 유통 및 물류 인프라가 더욱 강화되었다.

2) 시사점

① 지역 인프라 개선: 아마존의 인수는 각 지역의 물류 및 유통망을 크게 개선시키며 지역 경제에 긍정적인 영향을 미쳤다. 이는 기업이 인수합병을 통해 지역에 물류 허브를 구축하고, 지역 주민들에게 물류와 관련된 다양한 일자리를 창출할 수 있음을 시사한다.

② 디지털 경제와 오프라인 경제의 연결: 디지털 경제 기반인 아마존이 오프라인 매장을 확장하면서 지역 경제의 활성화를 돕는 사례로, 지

역 경제는 디지털화뿐만 아니라 오프라인 경제의 중요성도 여전히 크다.

(3) GE의 보스턴 이전 및 지역 투자 (2016)

1) 사례 개요

GE는 2016년 본사를 코네티컷주에서 보스턴으로 이전하며, 이 과정에서 보스턴 지역에 대규모 투자를 약속했다. GE는 보스턴에 수백만 달러를 투자하여 연구소와 시설을 건립하고, 지역 대학과 협력해 혁신 기술을 개발하며 지역 경제를 활성화했다.

2) 시사점

① 지역 경제와의 협력 강화: 대기업의 이전이나 투자는 해당 지역에 경제적 파급 효과를 가져올 수 있다. GE는 지역 대학 및 연구기관과의 협력을 통해 지역 경제의 혁신성을 높이고, 교육 및 연구 역량 강화를 통해 지속 가능한 경제 성장을 이루었다.

② 첨단 산업과 지역 활성화: 첨단 기술 및 연구 개발에 대한 투자는 해당 지역의 고부가가치 산업을 육성하고, 지역 경제에 장기적인 혜택을 줄 수 있다.

(4) 미국 쉐브론의 노블 에너지 인수 (2020)

1) 사례 개요

쉐브론은 2020년 노블 에너지(Noble Energy)를 약 50억 달러에 인수하며, 텍사스와 콜로라도 지역에서의 에너지 자원을 확장했다. 쉐브론의 이 인수는 해당 지역의 에너지 산업을 활성화하고, 천연가스 및 석유 분야에서 수천 개의 일자리를 창출했다.

2) 시사점

① 지역 자원 활용과 경제 활성화: 지역 자원을 활용한 M&A는 해당 지역의 자원 기반 산업을 활성화시키고 지역 경제 성장에 기여할 수 있다. 쉐브론의 사례는 에너지 산업이 지역 경제에 미치는 긍정적인 영향을 잘 보여 준다.

② 지역 사회에 대한 투자: 쉐브론은 인수 이후 지역 사회에 추가적인 투자 및 인프라 개선을 약속하며 지역과의 장기적인 상생 관계를 구축했다. 기업이 지역 경제에 기여할 수 있는 방식은 자원 개발뿐만 아니라 사회적 책임을 다하는 투자를 병행하는 것이다.

(5) 결론 및 시사점

지역 경제 활성화를 위한 M&A는 고용 창출, 지역 인프라 개선, 기술 혁신 및 투자 확대를 통해 긍정적인 영향을 미칠 수 있다. 기업이 지역 경제에 미치는 긍정적인 효과를 극대화하기 위해서는 해당 지역의 특성을 잘 이해하고, 장기적인 관점에서 지역 사회와 협력하는 것이 중요하다. 대규모 제조 시설이나 인프라 투자는 지역에 지속적인 일자리를 제공하고, 이를 통해 경제 활성화를 도모할 수 있다. 에너지, 자원 기반 산업은 해당 지역의 특성을 활용하여 지역 경제에 큰 영향을 미칠 수 있으며, 장기적인 성장이 가능하다. 기술 혁신과 연구 개발은 고부가가치 산업을 육성하고 지역 경제에 지속 가능한 성장을 가져다줄 수 있다. 지역 경제는 대기업의 전략적 M&A를 통해 성장할 수 있으며, 기업은 그 과정에서 사회적 책임과 지역 사회와의 협력을 통해 더 큰 성과를 얻을 수 있다.

Chapter 5

M&A 관련 교재와
성공 방정식

1. 성공적인 M&A를 위한 교재

(1) Michael E. S. Franklin의 "합병 및 인수: 단계별 법률 및 실무 가이드"

Michael E. S. Franklin의 "합병 및 인수: 단계별 법률 및 실무 가이드"는 법률 및 실무 통찰력을 결합하여 M&A 프로세스에 대한 포괄적인 개요를 제공한다. 주요 내용을 요약하면 다음과 같다.

1) M&A 소개

이 책은 인수합병 개요로 시작하여 주요 용어를 정의하고 비즈니스 세계에서 M&A 거래의 중요성을 간략하게 설명한다. 성장, 다각화, 시장 통합 등 M&A의 동기를 논의한다.

2) 기획 및 전략

프랭클린은 M&A 거래를 시작하기 전에 전략 계획의 중요성을 강조한다. 이 섹션에서는 시장 확대, 비용 절감, 기술 발전 등 M&A의 전략적 이유를 다루고 있다. 또한 잠재적인 목표 또는 인수자를 식별하는 방법에 대해서도 다룬다.

3) 실사

실사는 M&A 과정에서 매우 중요한 부분이다. 이 책은 재무, 법률, 운영 측면을 다루며 실사를 수행하는 방법에 대한 자세한 지침을 제공한다. 여기에는 모든 잠재적 위험과 문제를 식별하고 평가하기 위한 체크리스트와 방법론이 포함되어 있다.

4) 평가 및 자금조달

이 책은 대상 회사의 가치를 결정하는 데 사용되는 다양한 평가 방법을 탐구한다. 현금흐름할인(DCF), 비교기업 분석, 선행거래 등에 대해 논의한다. 또한 주식, 부채, 하이브리드 구조 등 M&A 거래에 대한 다양한 금융 옵션을 조사한다.

5) 협상 및 구조화

협상은 M&A 거래의 핵심 요소이다. 프랭클린은 양 당사자의 목표를 달성하기 위해 조건을 협상하고 거래를 구성하기 위한 전략을 제공한다. 이 섹션에는 거래 구조, 지불 방법 및 협상 전술에 대한 논의가 포함되어 있다.

6) 법적 고려사항

M&A 거래에 적용되는 법적 틀을 철저하게 검토한다. 이 책은 독점 금지법, 증권 규정, 계약 의무 등 중요한 법적 문제를 다루고 있다. 또한

LOI(의향서) 및 구매 계약을 포함한 주요 법률 문서의 초안을 작성하고 검토하는 방법에 대한 통찰력을 제공한다.

7) 거래 종료

이 섹션에서는 계약 마무리, 규제 승인 획득, 소유권 이전 완료 등 M&A 거래 종료와 관련된 단계를 자세히 설명한다. 일반적인 함정과 이를 해결하여 원활한 종료 프로세스를 보장하는 방법을 강조한다.

8) 합병 후 통합

합병 후 통합은 M&A 거래의 이점을 실현하는 데 중요하다. 이 책에서는 운영, 시스템, 문화를 통합하기 위한 전략을 논의한다. 여기에는 변경 관리, 목표 조정, 통합 프로세스의 성공 측정에 대한 조언이 포함된다.

9) 사례 연구 및 실용적인 통찰력

프랭클린은 실제 사례 연구를 통합하여 이론적 개념의 적용을 설명하고 실용적인 통찰력을 제공한다. 이러한 사례 연구는 M&A 거래 중에 직면하게 되는 다양한 과제와 솔루션을 강조한다.

10) 결론 및 향후 동향

이 책은 새로운 트렌드와 진화하는 관행을 포함하여 M&A의 미래에 대한 논의로 마무리된다. 이는 인수합병이라는 역동적인 분야에서 지속적인 학습과 적응의 필요성을 강조한다.

전반적으로 Michael E. S. Franklin의 가이드는 M&A 거래의 복잡성을 이해하기 위한 실용적인 리소스 역할을 하며 M&A 프로세스에 관련된 전문가에게 이론적 지식과 실행 가능한 조언을 모두 제공한다.

(2) David P. Stowell의 "The New Corporate Finance: Where Theory Meets Practice"

David P. Stowell의 "The New Corporate Finance: Where Theory Meets Practice"는 기업 금융 이론과 실제 적용 사이의 격차를 해소하는 포괄적인 교과서이다. 주요 내용을 요약하면 다음과 같다.

1) 기업 금융의 기초

이 책은 돈의 시간 가치, 위험과 수익, 자본 예산 개념을 포함한 기업 재무 원칙의 개요로 시작된다. 이는 재무 결정이 회사 가치에 어떤 영향을 미치는지 이해하기 위한 견고한 기반을 구축한다.

2) 재무 분석 및 계획

Stowell은 비율 분석, 재무제표 분석, 예측 등 다양한 재무 분석 기법에 대해 설명한다. 그는 기업 전략을 안내하고 재무 건전성을 보장하는 데 있어서 재무 계획의 중요성을 강조한다.

3) 가치평가 기법

이 책은 할인현금흐름(DCF) 분석, 비교기업 분석, 선행거래 등 필수적인 가치평가 방법을 다룬다. Stowell은 이러한 기술이 자산, 회사 및 투자 기회의 가치를 평가하는 데 어떻게 사용되는지 설명한다.

4) 자본예산

Stowell은 순 현재 가치(NPV) 및 내부 수익률(IRR)과 같은 프로젝트 평가 방법에 중점을 두고 자본 예산 책정 프로세스를 탐구한다. 그는 기업이 투자 프로젝트를 평가하고 선택하는 방법에 대한 실질적인 통찰력을 제공한다.

5) 위험 관리

위험 관리 섹션에서는 금융 위험의 식별 및 완화를 다룬다. 이는 위험 노출을 관리하기 위한 다각화, 헤징 및 금융 파생상품 사용과 같은 개념을 다룬다.

6) 자본 구조

Stowell은 트레이드오프 이론, 펙킹 순서 이론, 모딜리아니-밀러 명제 등 자본 구조 이론을 탐구한다. 그는 기업이 가치를 극대화하고 비용을 최소화하기 위해 부채와 자기자본 조달의 최적 조합을 결정하는 방법에 대해 논의한다.

7) 자본 비용

이 책에서는 WACC(가중 평균 자본 비용)를 포함하여 자본 비용의 개념을 조사한다. Stowell은 재무적 의사결정 및 평가 목적을 위해 자본 비용을 계산하고 사용하는 방법을 설명한다.

8) 합병 및 인수

M&A 섹션에서 Stowell은 전략적 동기, 가치 평가 문제, 거래 구조화 등 인수합병에 대한 개요를 제공한다. 그는 M&A가 기업 전략과 가치 창출에 미치는 영향에 대해 논의한다.

9) 기업 지배구조

이 책은 이사회의 역할, 경영진 보상, 주주 권리 등 기업 거버넌스 주제를 다루고 있다. Stowell은 윤리적 행동과 효과적인 관리를 보장하는 데 있어 강력한 거버넌스 관행의 중요성을 강조한다.

10) 국제금융

Stowell은 환율, 외국인 투자, 글로벌 금융 시장 등 국제 금융과 관련된 개념을 소개한다. 그는 기업이 글로벌 환경에서 운영의 복잡성을 어떻게 헤쳐 나가는지 논의한다.

11) 새로운 트렌드와 혁신

마지막 장에서는 금융 기술(핀테크)의 발전, 지속 가능성 문제, 진화하는 금융 규제 환경 등 기업 금융의 새로운 동향을 다룬다.

책 전반에 걸쳐 Stowell은 실용적인 통찰력과 실제 사례 연구를 통합하여 이론적 개념이 실제로 어떻게 적용되는지 보여 준다. 이 접근 방식은 독자가 금융 이론이 어떻게 실행 가능한 전략으로 변환되는지 이해하는 데 도움이 된다.

전체적으로 "The New Corporate Finance"는 이론적 기초와 실제 적용 및 실제 사례를 결합하여 기업 금융에 대한 철저하고 실용적인 접근 방식을 제공한다. 이 책은 독자들에게 정보에 입각한 재무 결정을 내리고 기업 재무를 효과적으로 관리하는 데 필요한 지식과 도구를 제공하도록 설계되었다.

(3) Michael J. Mard의 "인수합병 실사"

Michael J. Mard의 "인수합병 실사"는 M&A 거래에 중요한 실사 프로세스에 대한 자세한 통찰력을 제공하는 포괄적인 가이드이다. 주요 내용을 요약하면 다음과 같다.

1) 실사 소개

이 책은 실사를 정의하고 M&A 과정에서 실사가 중요한 역할을 설명하는 것으로 시작한다. Mard는 실사의 목적을 간략히 설명한다. 대상 회사를 철저히 조사 및 평가하여 잠재적인 위험을 식별하고 거래의 가치와 실행 가능성을 확인하는 것이다.

2) 실사 프로세스 계획

Mard는 실사 과정을 계획하고 조직하는 것이 중요하다고 강조한다. 그는 목표 정의, 실사 팀 구성, 일정 수립 등 실사 계획을 개발하는 방법에 대해 논의한다.

3) 재정적 실사

이 섹션에서는 대상의 재무제표 및 회계 관행에 대한 조사를 다룬다. Mard는 재무 성과 평가, 수익 품질 평가, 수익 및 비용 추세 이해에 대한 지침을 제공한다. 그는 대차대조표 항목, 현금 흐름 분석, 재무 예측과 같은 주요 영역을 강조한다.

4) 법적 실사

Mard는 기업 문서, 계약 및 규제 요구 사항 준수 검토를 포함하여 실사의 법적 측면을 자세히 설명한다. 그는 계류 중인 소송이나 해결되지 않은 분쟁 등 잠재적인 법적 위험을 식별하고 대상의 지적 재산권 및 의무를 평가하는 것의 중요성에 대해 논의한다.

5) 운영 실사

운영 실사 섹션에서는 대상 회사의 운영 성과를 평가하는 데 중점을 둔다. Mard는 공급망 관리, 생산 프로세스, IT 시스템과 같은 분야를 탐구한다. 그는 또한 주요 운영 위험 평가와 운영 관행 통합을 다루고 있다.

6) 상업적 실사

이 섹션에서는 목표 기업의 시장 지위와 경쟁 환경을 이해해야 할 필요성을 다룬다. Mard는 시장 동향, 고객 기반 및 경쟁 역학을 분석하는 방법을 제공한다. 그는 대상의 전략적 적합성과 성장 전망을 평가하는 것이 중요하다고 강조한다.

7) 인사 실사

Mard는 직원 계약, 보상 계획 및 복리후생 검토를 포함하여 실사에서 인적 자원의 역할을 조사한다. 그는 조직 문화, 관리 팀, 거래에 영향을 미칠 수 있는 잠재적인 HR 관련 문제를 평가하는 방법에 대해 논의한다.

8) 환경 및 규제 실사

이 섹션에서는 환경 및 규정 준수 평가를 다룬다. Mard는 환경적 책임, 규제 문제 및 환경 문제와 관련된 잠재적인 법적 또는 재정적 영향을 평가하는 것의 중요성을 설명한다.

9) 실사 결과 통합

Mard는 다양한 실사 영역에서 얻은 결과를 통합하여 대상 회사에 대한 포괄적인 관점을 형성하는 방법에 대해 논의한다. 그는 실사 결과를 사용하여 거래 협상에 정보를 제공하고 거래를 구조화하며 정보에 입각한 결정을 내리는 방법에 대한 통찰력을 제공한다.

10) 보고 및 커뮤니케이션

이 책은 실사 보고서 준비와 결과를 이해관계자에게 효과적으로 전달하는 방법을 다루고 있다. Mard는 의사 결정을 지원하고 실사 과정에서 확인된 모든 우려 사항을 해결하기 위해 명확하고 간결하며 정확한 보고의 중요성을 강조한다.

11) 실사 후 고려사항

Mard는 프로세스 중에 발견된 문제를 해결하는 방법과 거래를 마무리하기 전에 취해야 할 단계를 포함하여 실사 후 고려 사항에 대한 논의로 결론을 내린다. 그는 또한 지속적인 모니터링과 통합 계획의 중요성에 대해서도 논의한다.

책 전반에 걸쳐 Mard는 실사 원칙의 적용을 설명하기 위한 실용적인 도구, 체크리스트 및 사례 연구를 제공한다. 이러한 리소스는 독자가 실사를 효과적으로 수행하고 모범 사례를 적용하는 방법을 이해하는 데 도움이 된다.

전반적으로 "인수합병 실사"는 M&A 거래에서 철저한 실사를 수행하는 데 대한 자세하고 실용적인 지침을 제공한다. 이는 실사 프로세스의 모든 주요 측면을 다루며 인수 및 합병과 관련된 전문가에게 귀중한 통찰력을 제공한다.

(4) McKinsey & Company의 "가치 평가: 기업 가치 측정 및 관리"

McKinsey & Company의 "가치 평가: 기업 가치 측정 및 관리"는 Tim Koller, Marc Goedhart 및 David Wessels가 저술한 기업 가치 평가에 대한 확실한 가이드이다. 이는 기업의 가치를 평가하고 가치에 영향을 미치는 요소를 이해하기 위한 철저한 프레임워크를 제공한다. 주요 내용을 요약하면 다음과 같다.

1) 가치평가 소개

이 책은 기업 세계에서 가치 평가의 중요성을 설명하는 것으로 시작한다. 가치 창출, 가치 동인, 전략적 의사 결정 및 재무 관리에서 가치 평가의 역할과 같은 기본 개념을 소개한다.

2) 가치평가 프레임워크

저자는 기본 가치 평가 기법인 DCF(현금 흐름 할인) 모델에 초점을 맞춰 가치 평가에 대한 구조화된 접근 방식을 설명한다. 잉여현금흐름 추정, 할인율 결정, 최종가치 계산 등 DCF 모델을 적용하는 방법을 설명한다.

3) 현금흐름 이해 및 추정

이 섹션에서는 수익 예측, 비용 분석, 자본 지출 등 현금 흐름을 예측하는 프로세스를 자세히 살펴본다. 저자는 회사의 운영 및 재무 현실을 반영하기 위해 현실적인 가정과 조정을 하는 것이 중요하다고 강조한다.

4) 자본 비용 결정

이 책에서는 자기자본비용과 타인자본비용을 포함한 자본비용을 추정하는 방법을 논의한다. CAPM(자본 자산 가격 책정 모델) 및 WACC(가중평균 자본 비용)와 같은 방법을 다루고 시장 위험 프리미엄 및 회사별 위험과 같이 이러한 비용에 영향을 미치는 요소를 다룬다.

5) 다중 평가를 사용하여 기업 가치 평가

저자는 기업 가치를 평가하기 위해 가치 평가 배수(예: 주가 수익 비율,

기업 가치-EBITDA)를 사용하는 등의 상대 가치 평가 기법을 다룬다. 적절한 배수를 선택하고 대상 회사와 동종 회사 간의 차이에 맞게 조정하는 방법을 설명한다.

6) 가치 동인 평가 및 관리

이 섹션에서는 수익 성장, 마진, 자본 효율성 등 기업 가치의 주요 동인에 중점을 둔다. 이 책은 기업이 가치 동인을 관리하고 향상하여 가치를 높일 수 있는 방법에 대한 통찰력을 제공한다.

7) 실제 가치평가

이 책에는 인수합병, 매각, 기업 구조조정 등 다양한 시나리오에서 가치평가 기법을 적용하는 데 대한 실질적인 지침이 포함되어 있다. 복잡한 평가 문제를 처리하고 평가 결과를 활용하여 전략적 결정을 내리는 방법에 대한 팁을 제공한다.

8) 위험 평가 및 민감도 분석

Koller, Goedhart 및 Wessels는 다양한 변수가 가치 평가에 미치는 영향을 이해하기 위해 위험을 평가하고 민감도 분석을 수행하는 방법에 대해 논의한다. 그들은 다양한 시나리오를 평가하는 것의 중요성과 그것이 회사 가치에 미치는 영향을 강조한다.

9) 가치평가 특별주제

저자는 무형 자산, 비영업 자산 및 복잡한 자본 구조를 가진 회사의 가치 평가와 같은 특별한 가치 평가 주제를 탐구한다. 또한 다양한 산업 및 경제 환경과 관련된 가치 평가 문제에 대해서도 논의한다.

10) 기업 지배구조 및 가치평가

이 책은 기업 거버넌스와 가치 평가 사이의 관계를 조사하고 효과적인 거버넌스 관행이 회사 성과와 가치 평가에 얼마나 영향을 미칠 수 있는지 강조한다.

11) 사례 연구 및 실제 적용

책 전반에 걸쳐 저자는 사례 연구와 실제 사례를 포함하여 주요 개념을 설명하고 실제로 평가 기법을 적용하는 방법을 보여 준다. 이러한 사례 연구는 실용적인 통찰력을 제공하고 독자가 이론적 개념을 적용하는 방법을 이해하는 데 도움이 된다.

12) 업데이트 및 동향

최신판에서는 금융 시장과 평가 방법론의 새로운 발전과 변화를 통합하여 평가 관행의 현재 추세와 업데이트를 다루고 있다.

전반적으로, "가치평가: 기업 가치 측정 및 관리"는 가치평가 기법을 이해하고 적용하는 데 대한 포괄적이고 실용적인 지침을 제공한다. 이론적 통찰력과 실제 적용을 결합하여 기업 가치를 측정하고 관리하는 상세한 접근 방식으로 금융 전문가가 널리 사용한다.

(5) Aswath Damodaran의 "기업 금융: 이론 및 실습"

Aswath Damodaran의 "기업 금융: 이론 및 실습"은 이론적 개념과 실제 적용을 혼합하여 기업 금융 원칙을 철저하게 탐구하는 유명한 교과서이다. 주요 내용을 요약하면 다음과 같다.

1) 기업 금융 소개

이 책은 기업 금융의 개요와 비즈니스 관리에서의 역할을 정의하는 것으로 시작된다. 주주 가치를 극대화하는 재무 관리의 목표, 위험과 수익의 맥락에서 재무 의사 결정을 이해하는 것의 중요성과 같은 기본 개념을 소개한다.

2) 재무제표 분석 및 평가

Damodaran은 재무제표를 분석하고 평가 목적으로 사용하는 방법에 대해 논의한다. 그는 비율 분석을 포함하여 회사의 성과를 평가하는 기술을 다루고, 정보에 입각한 가치 평가 결정을 내리기 위해 재무 데이터를 해석하는 방법을 설명한다.

3) 화폐의 시간가치

기업금융의 핵심개념인 화폐의 시간가치를 심도 있게 탐구한다. Damodaran은 현재 및 미래 가치 계산, 할인 및 복리 계산을 다루며 현금 흐름 및 투자 프로젝트를 평가하는 데 있어 중요성을 강조한다.

4) 위험과 수익

이 책에서는 자본 자산 가격 책정 모델(CAPM), 베타 계수, 위험-수익 상쇄와 같은 주요 개념을 소개하면서 위험과 수익 사이의 관계를 조사한다. Damodaran은 위험을 측정하고, 기대 수익을 추정하고, 이러한 원칙을 투자 결정에 적용하는 방법을 설명한다.

5) 가치평가 기법

Damodaran은 다음을 포함한 다양한 평가 방법에 대한 포괄적인 가이드를 제공한다.

할인된 현금 흐름(DCF) 가치 평가: 예상 미래 현금 흐름의 현재 가치를 기준으로 회사 또는 자산의 가치를 추정한다.

① 상대적 가치 평가: 가치 평가 배수(예: P/E 비율, EV/EBITDA)를 사용하여 기업을 비교하고 상대적 가치를 결정한다.
② 선행 거래: 과거 거래를 분석하여 회사나 자산의 가치를 추정한다.

6) 자본예산

이 책은 투자 프로젝트를 평가하는 데 사용되는 자본 예산 책정 기법을 탐구한다. Damodaran은 순 현재 가치(NPV), 내부 수익률(IRR) 및 투자 회수 기간과 같은 방법을 다루며 투자 기회의 수익성과 위험을 평가하는 방법을 설명한다.

7) 자본 비용

Damodaran은 자기자본 비용과 부채 비용을 포함하여 회사의 자본 비용을 추정하는 방법에 대해 논의한다. 그는 WACC(가중 평균 자본 비용)의 구성 요소와 이를 가치 평가 및 투자 결정에 사용하는 방법을 설명한다.

8) 자본 구조

이 책은 트레이드오프 이론, 펙킹 순서 이론, 모딜리아니-밀러 명제 등 자본 구조와 관련된 이론과 실제를 검토한다. Damodaran은 기업이 자본 구조를 최적화하기 위해 부채와 자기자본 조달의 조합을 선택하는 방법에 대해 설명한다.

9) 배당정책

Damodaran은 다양한 배당 정책과 그것이 기업 가치에 미치는 영향을 탐구한다. 그는 배당금 지급, 자사주 매입, 배당 결정의 신호 효과 등의 주제를 다룬다.

10) 기업 지배구조 및 재무 관리

이 책은 재무 관리에서 기업 지배구조의 역할을 다루고 있다. Damodaran은 효과적인 거버넌스 관행이 재무 결정, 위험 관리 및 전반적인 기업 성과에 어떻게 영향을 미치는지 논의한다.

11) 특별 주제

Damodaran에는 다음과 같은 특별한 주제에 대한 토론이 포함된다.

① 스타트업 및 성장 기업의 가치 평가: 현금 흐름이 불확실하고 성장 잠재력이 높은 기업을 평가하는 기법.

② 국제 금융: 통화 위험 및 국제 투자 전략을 포함하여 글로벌 시장에서 운영되는 기업의 가치를 평가하기 위한 고려 사항이다.

12) 실제 적용 및 사례 연구

책 전반에 걸쳐 Damodaran은 실제 사례와 사례 연구를 통합하여 핵심 개념을 설명한다. 이러한 실제 적용은 독자가 이론적 원칙이 실제로 어떻게 적용되는지와 재무 의사결정과 관련된 과제를 이해하는 데 도움이 된다.

13) 업데이트 및 새로운 트렌드

최신판에서는 금융 이론의 발전과 시장 관행의 변화를 포함하여 기업 금융의 새로운 추세와 업데이트를 다루고 있다.

전체적으로 "기업 금융: 이론과 실제"는 기업 금융에 대한 포괄적이고 이해하기 쉬운 안내서로, 이론과 실제 적용이 균형 있게 혼합되어 있다. 재정관리와 가치평가에 대한 명확한 설명과 상세한 접근방식으로 학생, 실무자, 전문가들이 널리 사용하고 있다.

(6) Deepak Malhotra의 "협상 천재 : 협상 테이블에서 장애물을 극복하고 뛰어난 결과를 달성"

Deepak Malhotra의 "협상 천재 : 협상 테이블에서 장애물을 극복하고 뛰어난 결과를 달성"은 협상 기술을 익히는 데 도움이 되는 가이드이다. 이는 공통적인 과제를 이해하고 극복함으로써 협상에서 더 나은 결과를 얻기 위한 전략과 통찰력을 제공한다. 주요 내용을 요약하면 다음과 같다.

1) 협상의 심리학

Malhotra는 인지적 편견, 감정, 인식 등 협상에 영향을 미치는 심리적 측면을 탐구한다. 그는 이러한 요소를 이해하는 것이 협상가가 자신의 행동을 더 잘 관리하고 다른 사람의 행동을 해석하는 데 어떻게 도움이 될 수 있는지 논의한다.

2) 협상 준비

성공적인 협상을 위해서는 준비가 중요하다. Malhotra는 자신의 목표, 상대방의 목표, 협상의 맥락을 이해하는 등 철저한 준비의 중요성을 강조한다. 그는 정보 수집, 목표 설정 및 전략 개발을 위한 기술을 제공한다.

3) 친밀감과 신뢰 구축

이 책은 협상에서 관계와 신뢰를 구축하는 역할을 강조한다. Malhotra는 상대방과 긍정적인 관계를 구축하는 것이 어떻게 보다 원활한 협상을 촉진하고 더 나은 결과로 이어질 수 있는지 설명한다. 그는 협력적인 분위기를 조성하고 저항을 극복하기 위한 전략을 제시한다.

4) 전력 역학 관리

Malhotra는 자신의 힘을 효과적으로 활용하는 방법과 힘의 불균형을 해결하는 방법을 포함하여 협상에서 힘의 역학을 탐색하는 방법에 대해 논의한다. 그는 권력의 원천을 이해하고 이를 유리하게 활용하는 방법에 대한 통찰력을 제공한다.

5) 장애물과 난관 극복

협상은 종종 장애물과 교착상태에 직면한다. Malhotra는 난관을 극복하고 갈등을 해결하며 창의적인 솔루션을 찾는 기술을 포함하여 이러한 과제를 극복하기 위한 전략을 제공한다. 그는 유연성과 끈기의 중요성을 강조한다.

6) 효과적인 의사소통

의사소통은 협상의 핵심 요소이다. Malhotra는 적극적인 경청, 메시지 구성, 효과적인 언어 사용을 위한 기술을 포함하여 명확하고 설득력 있게 의사소통하는 방법에 대한 지침을 제공한다. 그는 또한 비언어적 의사소통의 영향에 대해서도 논의한다.

7) 문화 간 협상

이 책은 다문화적 맥락에서 협상의 어려움을 다루고 있다. Malhotra는 협상 스타일의 문화적 차이를 탐구하고 다양한 문화적 규범과 관행에 접근 방식을 적용하는 데 필요한 팁을 제공한다.

8) 가치 창출 및 파이 확장

Malhotra는 단순히 가치를 주장하는 것이 아니라 협상에서 가치를 창출하는 것이 중요하다고 강조한다. 그는 협상 범위를 확장하고 상호 이익이 되는 결과를 창출할 수 있는 기회를 식별하기 위한 전략에 대해 논의한다.

9) 거래 종료
이 책은 계약을 마무리하고 양측이 결과에 만족하도록 하는 전략을 포함하여 거래를 효과적으로 성사시키는 방법에 대한 조언을 제공한다. Malhotra는 상대방의 요구 사항을 이해하고 이를 충족할 방법을 찾는 것의 중요성에 대해 논의한다.

10) 경험을 통해 배우기
Malhotra는 협상가가 자신의 경험을 되돌아보고 협상 기술을 지속적으로 향상하도록 권장한다. 그는 과거 협상을 평가하고, 실수로부터 교훈을 얻고, 얻은 교훈을 미래 협상에 적용하는 기술을 제공한다.

11) 윤리적 고려사항
이 책은 유리한 결과를 위해 노력하면서 성실성과 공정성을 유지하는 방법을 포함하여 협상의 윤리적 측면을 논의한다. Malhotra는 장기적인 관계를 구축하고 지속 가능한 성공을 달성하는 데 있어서 윤리적 행동의 중요성을 강조한다.

책 전반에 걸쳐 Malhotra는 실제 사례 연구와 예시를 포함하여 주요 개념과 전략을 설명한다. 이러한 예는 협상 원칙이 다양한 시나리오에 어떻게 적용될 수 있는지에 대한 실질적인 통찰력을 제공한다.

전반적으로 "Negotiating Genius"는 협상 마스터를 위한 포괄적인 툴킷을 제공한다. 이론적 통찰력과 실용적인 조언을 결합하여 문제 극복을 위한 전략을 제공하고 의사소통을 강화하며 협상 테이블 및 그 이상에서 뛰어난 결과를 달성한다.

(7) Mark L. Sirower의 "시너지 함정: 회사가 인수 게임에서 패하는 함정"

Mark L. Sirower의 "시너지 함정: 회사가 인수 게임에서 패하는 함정"은 시너지 개념에 초점을 맞춰 많은 인수합병(M&A)이 예상한 이익을 제공하지 못하는 이유를 비판적으로 조사한 것이다. 주요 내용을 요약하면 다음과 같다.

1) 시너지 이해
Sirower는 먼저 M&A에서 시너지 효과와 그 역할을 정의한다. 시너지(Synergy)란 효율성, 수익 증대, 비용 절감으로 인해 두 회사의 결합 가치가 개별 가치의 합보다 더 클 것이라는 생각을 말한다. 이 책은 진정한 시너지 효과를 달성하는 것이 예상보다 어려운 이유를 탐구한다.

2) 시너지 과대평가의 오류
이 책은 시너지 효과의 잠재적인 이점을 과대평가하는 일반적인 함정에 대해 자세히 설명한다. Sirower는 기업들이 시너지 효과로 인한 금전적 이익을 과대평가하는 경우가 많아 부풀려진 예측과 비현실적인 기대를 낳는다고 주장한다. 그는 이러한 과대평가가 어떻게 많은 M&A 거래의 실패에 영향을 미치는지 강조한다.

3) M&A 실패 사례 연구

Sirower는 실패한 M&A 거래에 대한 수많은 사례 연구를 제공하여 기업이 인수 게임에서 어떻게 패했는지 보여 준다. 이러한 사례 연구는 열악한 통합, 비현실적인 시너지 기대, 부적절한 계획이 얼마나 실망스러운 결과를 가져왔는지 보여 준다.

4) 통합 과제의 역할

통합은 시너지를 실현하는 데 중요한 요소이다. Sirower는 문화적 차이, 운영상 갈등, 관리상의 어려움 등 두 조직을 통합하는 데 관련된 과제를 조사한다. 그는 통합 문제가 합병이나 인수의 잠재적 이익을 훼손할 수 있다고 강조한다.

5) 시너지 효과의 현실적 평가

이 책에서는 시너지 효과를 보다 현실적으로 평가하는 방법을 논의한다. Sirower는 잠재적인 시너지 효과를 평가하고 지나치게 낙관적인 예측의 함정을 피하기 위해 엄격한 분석 도구와 방법을 사용할 것을 제안한다. 그는 M&A 거래의 잠재적 이점을 평가하기 위해 보다 규율 있고 증거 기반 접근 방식을 옹호한다.

6) 전략적 적합성 및 실사

Sirower는 M&A 과정에서 전략적 적합성과 철저한 실사의 중요성을 강조한다. 그는 인수 기업과 대상 기업 간의 적절한 전략적 적합성이 시너지 효과를 달성하는 데 필수적이라고 주장한다. 또한 잠재적인 문제를 식별하고 시너지 실현의 타당성을 평가하려면 포괄적인 실사가 중요하다.

7) 기대치 및 의사소통 관리

이 책에서는 M&A 과정 전반에 걸쳐 기대치를 관리하고 효과적으로 소통해야 할 필요성을 강조한다. Sirower는 현실적인 기대치를 설정하고 이해관계자와의 투명한 커뮤니케이션을 유지하면 시너지 효과를 과대평가하는 것과 관련된 위험을 완화하는 데 도움이 될 수 있다고 제안한다.

8) 학습한 내용 및 모범 사례

Sirower는 M&A에 참여하는 기업을 위해 얻은 교훈과 모범 사례를 제공하며 결론을 내렸다. 그는 인수합병에 보다 전략적으로 접근하고 일반적인 함정을 피하며 성공적인 결과를 얻을 가능성을 높이는 방법에 대한 실질적인 조언을 제공한다.

9) 시너지 함정 피하기

이 책의 핵심 메시지는 '시너지 함정'에 빠지지 않는 방법이다. Sirower는 M&A 거래가 의도한 이익을 제공할 수 있도록 현실적인 시너시 목표 설정, 철저한 분석 수행, 효과적인 통합에 중점을 두는 전략을 간략하게 설명한다.

전반적으로, "시너지 함정: 두 회사의 결합 가치가 개별 가치의 합보다 더 클 것이라는 생각의 함정"은 M&A 거래에서 시너지 달성과 관련된 과제와 함정에 대한 중요한 분석을 제공한다. Sirower의 통찰력과 사례 연구는 인수합병과 관련된 경영진, 투자자 및 전문가에게 귀중한 교훈을 제공하며 현실적인 기대, 엄격한 분석 및 효과적인 통합 전략의 필요성을 강조한다.

(8) Donald DePamphilis의 "Mergers, Acquisitions, and Other Restructuring Activities" (합병, 인수 및 기타 구조 조정 활동)

Donald DePamphilis의 저서 "Mergers, Acquisitions, and Other Restructuring Activities" (합병, 인수 및 기타 구조 조정 활동)는 M&A(합병 및 인수)와 관련된 다양한 주제를 다루는 중요한 참고서이다. 이 책의 법률 섹션에서는 M&A와 관련된 법률적 고려사항들을 다루며, 각기 다른 국가와 관할 지역의 법적 환경에서 M&A가 어떻게 수행되는지 설명한다. 여기서 중요한 법률적 이슈들을 요약해 보겠다.

1) 합병 및 인수의 법적 프레임워크

M&A 거래는 계약법, 증권법, 반독점법, 고용법, 세법 등 다양한 법적 요소에 따라 규제된다.

기업은 거래의 성공 여부와 무관하게 법적 의무를 준수해야 하며, 이와 관련된 주요 법률과 규정이 책에 상세히 기술되어 있다.

미국의 경우, 중요한 법적 프레임워크로는 'Securities Act of 1933',

'Securities Exchange Act of 1934', 'Hart-Scott-Rodino Antitrust Improvements Act of 1976' 등이 있다.

2) 규제 기관과 승인 절차

미국의 주요 규제 기관으로는 'SEC(Securities and Exchange Commission)', 'FTC(Federal Trade Commission)', 'DOJ(Department of Justice)'가 있으며, M&A 거래에 대한 반독점 검토 및 승인 역할을 담당한다.

국제적으로는 EU의 'European Commission'이나 각국의 공정거래위원회가 M&A 거래를 감독하고 규제한다.

책은 규제 기관들이 M&A 거래를 평가하는 방법, 심사 기준, 승인 절차, 그리고 관련된 시한을 설명한다.

3) 계약 조건과 법적 문서화

M&A 거래에서는 '인수계약서(Purchase Agreement)', '합병계약서(Merger Agreement)', '비밀유지계약서(Non-Disclosure Agreement)', '주주 동의서(Shareholder Agreement)' 등의 법적 문서가 필수적이다.

계약서에는 인수 또는 합병의 조건, 가격, 진술과 보증, 선결조건, 종결조건, 손해배상 조항 등이 포함된다.

계약 체결 후 발생할 수 있는 법적 분쟁을 예방하기 위해 상세하고 명확한 조건을 기재해야 한다.

4) 반독점 및 경쟁법 이슈

M&A 거래는 반독점 및 경쟁법을 준수해야 하며, 특정 거래가 시장 지

배력을 약화시키거나 독점을 강화할 우려가 있는지 평가하는 것이 중요하다.

책은 미국과 EU의 반독점법 비교, 반독점 심사의 주요 사례, 그리고 이와 관련된 법률 전략을 다룬다.

5) 세금과 관련된 법률적 고려사항

세법은 M&A 거래 구조를 결정하는 데 중요한 역할을 한다. 세금 효율성을 최대화하기 위해 '주식 매매(Stock Sale)'와 '자산 매매(Asset Sale)' 중 어떤 거래 형태를 선택할지에 따라 법적 전략이 달라진다.

세금 이슈는 주로 자본이득세, 부채 조정, 그리고 각종 공제와 크레딧 등을 포함한다.

6) 고용법 및 노동법

M&A 거래는 인수 대상 기업의 고용 계약, 종업원 혜택, 노조 협약 등의 법적 이슈를 수반할 수 있다.

종업원 고용 상태, 해고 보호, 보상 및 혜택의 이전 등의 주제가 다루어진다.

7) 국제 M&A 법률 이슈

국제적으로 M&A 활동이 증가하면서 각기 다른 국가의 법적 요구 사항을 이해하는 것이 중요해졌다.

각국의 외국인 투자 제한, 반독점 규정, 환경 규제 등 국제적인 법적 이슈가 다루어진다.

Donald DePamphilis의 책은 M&A 거래에서의 법적, 규제적 이슈를 철저히 다루며, 합병과 인수를 계획하고 있는 기업, 투자자, 법률가에게 중요한 가이드를 제공한다. 법률적 요소는 M&A의 성공 여부를 결정하는 중요한 요소 중 하나이므로, 법적 고려사항을 철저히 이해하고 대응하는 것이 필수적이다.

(9) Jean-Luc Hennig의 "Post-Merger Integration: A Practical Guide for Business Leaders" (합병 후 통합: 비즈니스 리더를 위한 실용 가이드)

Jean-Luc Hennig의 저서 "Post-Merger Integration: A Practical Guide for Business Leaders" (합병 후 통합: 비즈니스 리더를 위한 실용 가이드)는 합병(M&A) 이후의 통합 프로세스를 성공적으로 관리하는 방법을 다루는 실용적인 지침서이다. 이 책은 M&A 이후의 조직 통합 과정에서 발생할 수 있는 다양한 도전과 과제, 그리고 이를 극복하기 위한 전략과 모범 사례를 제시한다.

1) 합병 후 통합의 중요성

합병과 인수가 성사된 후 실제적인 통합 과정이 성공의 열쇠가 된다. 많은 합병이 초기에는 성공적으로 보이지만, 통합 과정에서 문제가 발생하여 기대했던 시너지 효과를 달성하지 못하는 경우가 많다.

Hennig은 합병 후 통합(Post-Merger Integration, PMI)이 기업 가치를 극대화하고, 운영 효율성을 높이며, 조직 문화를 조화시키는 데 필수적이라고 강조한다.

2) 통합 계획 수립

PMI 프로세스의 첫 단계는 철저한 계획 수립이다. 이 책에서는 통합 팀 구성, 목표 설정, 자원 할당, 타임라인 정의와 같은 주요 요소를 다룬다.

Hennig은 계획 수립 단계에서 리더십의 명확한 비전과 강력한 지휘가 필요하다고 언급하며, 모든 이해관계자들이 동일한 목표를 공유하도록 하는 것이 중요하다고 설명한다.

3) 문화적 통합

합병된 두 기업의 문화 차이는 PMI 과정에서 주요한 도전 과제 중 하나 이다. Hennig은 두 조직의 문화적 요소를 철저히 분석하고, 공통된 문화 적 토대를 구축하는 전략을 제시한다.

이를 위해 설문조사, 워크숍, 팀 빌딩 활동 등을 통해 조직원들의 의견 을 수렴하고, 새로운 공동의 비전을 수립하는 방법을 설명한다.

4) 조직 구조 및 인사 관리

조직 구조를 재편성하고, 역할과 책임을 재정의하는 것은 성공적인 통 합의 핵심이다. Hennig은 새로운 조직 구조를 설계하고, 인사 배치 및 리 더십 변경을 포함한 중요한 결정을 내리는 방법을 제시한다.

또한, 핵심 인재 유지, 고용 조정, 종업원 커뮤니케이션에 대한 구체적 인 전략을 설명하여 통합 과정에서 발생할 수 있는 인사 문제를 최소화하 는 방법을 다룬다.

5) 프로세스 및 시스템 통합

기업 통합 시 IT 시스템, 운영 프로세스, 공급망 관리 등 다양한 시스템 통합이 필요하다. Hennig은 기술적 통합 계획 수립, 데이터 마이그레이션 전략, 시스템 최적화 등과 관련된 전략적 접근 방식을 제시한다.

이 과정에서 리스크 관리와 중복 시스템 제거를 통해 운영 효율성을 높이는 방법도 다룬다.

6) 커뮤니케이션 전략

Hennig은 합병 후 통합 과정에서 명확하고 일관된 커뮤니케이션의 중요성을 강조한다. 이 책에서는 내부와 외부 이해관계자들과의 효과적인 커뮤니케이션을 위한 방법과 도구를 소개한다.

특히, 직원들에게 변화의 이유와 기대치를 명확히 전달하고, 피드백 루프를 통해 지속적으로 정보를 업데이트하는 것이 중요하다고 설명한다.

7) 성과 측정 및 관리

성공적인 PMI를 위해서는 명확한 성과 지표(Key Performance Indicators, KPIs)가 필요하다. Hennig은 통합 과정의 각 단계를 모니터링하고 평가할 수 있는 지표 설정과 이에 기반한 성과 평가 방법을 제시한다.

성과 측정을 통해 통합 프로세스의 진행 상황을 실시간으로 파악하고, 필요에 따라 전략을 조정할 수 있다.

8) 합병 후 통합의 지속 가능성

통합이 완료된 후에도 지속적인 모니터링과 개선이 필요하다. Hennig

은 장기적인 성공을 위해 지속적인 개선 문화 구축, 피드백 수렴, 혁신 장려 등의 전략을 제안한다.

Jean-Luc Hennig의 "Post-Merger Integration: A Practical Guide for Business Leaders"는 M&A 이후의 통합 과정을 체계적으로 관리하기 위한 필수적인 전략과 실질적인 지침을 제공한다. 이 책은 경영자들이 통합의 복잡성을 이해하고, 성공적인 통합을 통해 기대했던 시너지 효과를 실현할 수 있도록 돕는다.

(10) Paul Pignataro의 "Cross-Border Mergers and Acquisitions: A Practical Guide" (국경 간 인수 및 합병: 실용 가이드)

Paul Pignataro의 저서 "Cross-Border Mergers and Acquisitions: A Practical Guide" (국경 간 인수 및 합병: 실용 가이드)는 국제적인 M&A(합병 및 인수) 거래의 복잡한 세계를 탐구하고, 실무자들이 국경 간 M&A 거래를 성공적으로 수행하기 위한 실용적인 접근 방식을 제공한다. 이 책은 특히 글로벌 시장에서의 법률적, 재정적, 전략적 측면을 다루며, M&A 전문가뿐만 아니라 기업 리더들에게도 유용한 지침서로 알려져 있다.

1) 국경 간 M&A의 개요

Pignataro는 국제적인 인수 및 합병 거래의 기본 개념과 시장 동향을 소개하며, 글로벌 M&A 활동이 증가하고 있는 배경을 설명한다.

책은 기업들이 국경 간 M&A를 통해 새로운 시장에 진출, 기술과 자원을 확보, 경쟁 우위를 강화하려는 전략적 이유를 설명한다.

2) 국경 간 M&A의 법적 고려사항

다양한 국가의 법률과 규제 체계가 M&A 거래에 미치는 영향을 설명한다. Pignataro는 각국의 외국인 투자 규제, 반독점법, 증권 규제 등이 M&A 거래 구조에 어떤 영향을 미치는지 논의한다.

국가별 법적 프레임워크와 규제 기관, 그리고 이러한 규제를 준수하기 위한 전략을 제시한다. 예를 들어, 미국의 'CFIUS(Committee on Foreign Investment in the United States)' 심사와 EU의 'European Commission' 규제 절차를 다룬다.

3) 문화적 차이와 조직 통합

국경 간 M&A 거래에서 문화적 차이가 성공에 큰 영향을 미친다는 점을 강조한다. 두 조직 간의 문화적 충돌을 완화하고, 효과적인 통합 전략을 세우는 방법을 제안한다.

문화적 감수성 훈련, 조직 가치 정렬, 커뮤니케이션 전략 등을 통해 문화적 차이를 극복하고, 합병 후 조직 내의 협력과 조화를 증진하는 방법을 설명한다.

4) 재무 분석 및 가치 평가

국제 M&A 거래에서 대상 기업의 가치를 평가하는 방법을 심층적으로 다룬다. 특히, 환율 변동, 국가 위험(Country Risk), 세금 정책 차이 등의 요인이 평가에 미치는 영향을 분석한다.

다양한 평가 기법(예: DCF(Discounted Cash Flow) 분석, 상대 가치 평가법)을 제시하고, 이를 국경 간 M&A 상황에 맞게 조정하는 방법을 설명한다.

5) 세금 및 재무 구조 설계

국경 간 거래에서 세금은 중요한 고려사항 중 하나이다. Pignataro는 세금 효율성 최적화를 위해 적절한 재무 구조 설계와 거래 구조 조정을 제안한다.

예를 들어, 자산 매매(Asset Purchase)와 주식 매매(Stock Purchase)의 세금 차이점, 이전 가격 설정(Transfer Pricing), 세금 조약 활용 등에 대해 다룬다.

6) 딜메이킹 전략 및 협상 기술

Pignataro는 국경 간 거래에서 발생할 수 있는 협상 장애물과 복잡한 이해관계 조정을 해결하기 위한 전략을 제시한다. 특히, 거래 조건 협상, 가격 조정 메커니즘, 보장과 진술(Warranties and Representations)에 대해 설명한다.

각국의 협상 문화와 스타일에 맞는 맞춤형 접근법을 제시하여, 더 나은 협상 결과를 이끌어낼 수 있도록 돕는다.

7) 실사(Due Diligence) 과정

국경 간 M&A에서 실사(Due Diligence)는 성공적인 거래를 위해 필수적이다. Pignataro는 재무적 실사, 법률적 실사, 운영적 실사, 세금 실사 등을 포함한 다각적인 실사 접근법을 설명한다.

특히, 국가 간 규제 차이와 데이터 보안 및 프라이버시 문제에 대한 실사 필요성을 강조한다.

8) 포스트 딜 통합(Post-Deal Integration)

거래 완료 후의 통합 과정은 국경 간 M&A에서 특히 중요한 요소로, Pignataro는 조직 구조 재설계, 인사 정책 통합, IT 시스템 통합 등 여러 분야의 통합 전략을 다룬다.

합병 후 통합에서 발생할 수 있는 문제를 조기에 파악하고, 위기 관리 계획을 수립하는 방법을 제시한다.

Paul Pignataro의 "Cross-Border Mergers and Acquisitions: A Practical Guide"는 국경 간 M&A 거래의 복잡성을 이해하고, 이를 성공적으로 수행하기 위한 종합적인 가이드를 제공한다. 이 책은 M&A 전문가, 법률가, 재무 분석가, 경영자들이 국제적인 거래 환경에서 직면할 수 있는 다양한 도전과 기회를 준비하는 데 도움이 되는 필독서이다.

(11) Jason Scharfman의 "Private Equity Operational Due Diligence: Tools to Evaluate Liquidity, Valuation, and Documentation"(사모 펀드 운영 실사: 유동성, 가치 평가 및 문서화를 평가하는 도구)

Jason Scharfman의 저서 "Private Equity Operational Due Diligence:

Tools to Evaluate Liquidity, Valuation, and Documentation"(사모 펀드 운영 실사: 유동성, 가치 평가 및 문서화를 평가하는 도구)는 사모 펀드(Private Equity, PE) 투자 시 필수적인 운영 실사(Operational Due Diligence, ODD) 과정에 대한 종합적인 안내서이다. 이 책은 사모 펀드의 운영 리스크를 평가하고, 투자자들이 보다 안전한 투자 결정을 내릴 수 있도록 돕기 위한 도구와 방법론을 제시한다.

1) 사모 펀드의 운영 실사의 필요성

사모 펀드는 유동성 부족, 비공개 운영, 복잡한 구조 등으로 인해 높은 리스크를 내포하고 있다. Scharfman은 이러한 리스크를 평가하고 관리하기 위해 운영 실사(ODD)가 왜 중요한지 설명한다.

운영 실사는 사모 펀드가 금융 규제, 법률적 요구 사항, 내부 통제 시스템 등을 잘 준수하고 있는지 검토하는 과정으로, 투자 결정에 중요한 요소로 작용한다.

2) 유동성 평가(Liquidity Assessment)

책은 PE 펀드의 유동성 리스크를 평가하는 방법을 상세히 설명한다. 이는 PE 펀드가 투자자에게 적시에 자금을 돌려줄 수 있는 능력과 관련이 있다.

유동성 평가를 위해 자산 분류 분석, 자본 호출 절차, 환매 정책, 잠재적 유동성 위기 시나리오 테스트와 같은 방법론을 다룬다.

3) 가치 평가(Valuation) 및 재무 분석

PE 펀드의 포트폴리오 자산을 공정하게 평가하는 것은 투자자들에게 매우 중요하다. Scharfman은 DCF(Discounted Cash Flow) 분석, 상대 가치 평가법, 시장 접근법과 같은 다양한 가치 평가 기법을 설명한다.

또한, 회계 기준(예: GAAP, IFRS)의 차이와 각 펀드가 사용하는 가치 평가 방법론의 투명성 및 일관성을 평가하는 방법을 제시한다.

4) 문서화 평가(Documentation Evaluation)

투자자들은 펀드의 운영이 투명하고 적절하게 문서화되어 있는지를 평가해야 한다. Scharfman은 PE 펀드 운영에서 중요한 문서로 사모계약서(Private Placement Memorandum, PPM), 운영 계약서(Operating Agreement), 거래 보고서(Deal Reports) 등을 다루며, 이 문서들이 어떻게 평가되고 사용되어야 하는지를 설명한다.

문서화의 완전성과 정확성은 PE 펀드의 준법 감시(Compliance)와 리스크 관리에 있어서 핵심적인 역할을 한다.

5) 운영 리스크의 주요 영역

Scharfman은 PE 펀드의 운영 리스크를 관리팀의 자질과 경험, 내부 통제 시스템, IT 시스템 보안, 법적 및 규제 준수 등의 주요 영역으로 분류하고 각 영역에서의 실사 방법을 다룬다.

예를 들어, 관리팀의 리스크를 평가할 때는 그들의 경험과 역량, 과거 성과, 이익 상충 상황 등을 면밀히 분석하는 방법을 설명한다.

6) 실사 프로세스 설계와 시행

Scharfman은 효과적인 운영 실사를 위한 프로세스를 설계하는 방법과 실사팀 구성, 실사 범위 설정, 체크리스트 작성 등의 구체적인 절차를 안내한다.

실사 과정에서 사용하는 질문 리스트, 인터뷰 기법, 현장 방문 등을 통해 실사 결과의 신뢰성을 높이는 방법을 제시한다.

7) 거버넌스와 윤리적 기준 평가

PE 펀드의 거버넌스 구조, 윤리적 기준, 내부 감사 절차 등의 요소를 평가하는 것이 운영 리스크 관리를 위해 중요하다. Scharfman은 이 부분에 대해 투자자들이 고려해야 할 요소들을 상세히 설명한다.

이를 위해 독립적인 감독위원회 존재 여부, 내부 고발 정책, 이해 상충 관리 정책 등의 요소를 평가하는 방법을 다룬다.

8) 기술 및 데이터 리스크

PE 펀드 운영에서 IT 시스템의 안전성, 데이터 보호, 사이버 보안 리스크 등 기술적 리스크에 대한 실사가 중요하다고 설명한다.

특히, 데이터 보안 위반이나 시스템 중단이 펀드의 운영과 투자자에게 미치는 영향을 분석하고 이를 최소화하기 위한 리스크 관리 전략을 다룬다.

9) 글로벌 사모 펀드 시장의 변화와 도전

Scharfman은 글로벌 PE 시장에서 운영 실사의 최신 트렌드와 규제 환경 변화를 논의한다. 특히, ESG(환경, 사회, 거버넌스) 실사가 중요해지고 있는 현 상황을 반영하여, 이에 대한 접근 방법도 설명한다.

Jason Scharfman의 "Private Equity Operational Due Diligence: Tools to Evaluate Liquidity, Valuation, and Documentation"는 사모 펀드 투자를 고려하는 기관 투자자, 실사 전문가, 그리고 사모 펀드 관리자에게 실질적인 가이드라인을 제공한다. 이 책은 PE 투자에서 발생할 수 있는 다양한 리스크를 면밀히 분석하고, 투자자들이 보다 나은 의사 결정을 내릴 수 있도록 돕는다.

(12) Michael W. Klein의 "Emerging Markets: A Practical Guide for Corporations and Investors"(신흥 시장: 기업과 투자자를 위한 실용 가이드)

Michael W. Klein의 저서 "Emerging Markets: A Practical Guide for Corporations and Investors"(신흥 시장: 기업과 투자자를 위한 실용 가이드)는 신흥 시장에서 사업을 운영하거나 투자를 고려하는 기업과 투자자들을 위한 종합적인 안내서이다. 이 책은 신흥 시장의 경제적 특성, 리스크 관리 전략, 투자 기회, 그리고 기업 운영 전략을 다루며, 글로벌 비즈니스와 투자 환경에서의 의사 결정을 돕기 위한 실질적인 정보를 제공한다.

1) 신흥 시장의 정의와 특성

Klein은 신흥 시장의 정의를 설명하면서, 개발도상국과 선진국의 중간 단계에 있는 국가들을 신흥 시장으로 분류한다. 이러한 시장들은 일반적으로 경제 성장 가능성이 크지만, 정치적 불안정성, 환율 변동성, 법적 불확실성 등의 리스크를 동반한다.

책에서는 신흥 시장의 경제적, 사회적, 정치적 특성을 설명하며, 이들 시장의 기회와 도전 과제에 대해 논의한다.

2) 경제적 환경 분석

Klein은 신흥 시장에서의 경제적 환경을 분석하는 방법론을 소개한다. 여기에는 거시경제 지표 분석(예: GDP 성장률, 인플레이션, 무역 수지), 정책 프레임워크, 금융 시장의 유동성 등이 포함된다.

이러한 요소들이 기업과 투자자의 전략적 의사 결정에 어떻게 영향을 미치는지 설명하고, 각국의 경제 정책이 투자 환경에 미치는 영향을 평가하는 방법을 다룬다.

3) 리스크 관리 전략

신흥 시장에 대한 투자는 높은 수익 잠재력을 제공할 수 있지만, 동시에 다양한 리스크가 수반된다. Klein은 정치적 리스크, 환율 리스크, 법적 리스크, 신용 리스크 등 주요 리스크 요소들을 분석하고, 이를 관리하기 위한 전략을 제시한다.

예를 들어, 환율 헤지 전략, 현지 파트너와의 협력, 정치적 리스크 보험과 같은 방법론을 통해 리스크를 최소화하는 방법을 설명한다.

4) 투자 기회와 전략

Klein은 신흥 시장에서 투자 기회를 발굴하고 평가하는 방법을 구체적으로 설명한다. 주요 산업(예: 금융, 에너지, 기술, 소비재 등)별로 신흥 시장에서의 투자 기회를 분석하고, 각 시장에서의 주요 동향을 소개한다.

또한, 직접 투자(Direct Investment)와 포트폴리오 투자(Portfolio Investment)의 장단점을 비교하며, 투자자들이 신흥 시장에서의 투자 포트폴리오를 구성하는 데 고려해야 할 요소들을 설명한다.

5) 문화적 및 운영적 고려사항

신흥 시장에서 성공적인 기업 운영을 위해서는 현지의 문화적 이해가 중요하다. Klein은 문화적 차이가 기업 운영과 성과에 미치는 영향을 설명하고, 조직 문화 적응 전략, 현지화(Localization) 전략 등을 소개한다.

또한, 신흥 시장에서의 인재 채용 및 관리, 공급망 구축, 규제 준수 등의 운영적 요소를 고려해야 함을 강조한다.

6) 정치적 환경과 규제 이슈

신흥 시장에서는 정치적 안정성과 규제 환경이 급격하게 변화할 수 있다. Klein은 이러한 불확실성을 분석하는 방법과 정치적 리스크를 예측하고 대비하는 방법을 설명한다.

각국의 규제 정책, 외국인 투자 제한, 세금 정책 등을 이해하고, 이에 대한 전략적 대응 방안을 마련하는 것이 중요하다고 강조한다.

7) 케이스 스터디와 성공 사례

책에서는 신흥 시장에서 성공적으로 진출한 기업들과 그들의 전략적 접근 방식을 다룬 여러 케이스 스터디를 제공한다. 이러한 사례는 실질적인 인사이트를 제공하며, 다른 기업들이 유사한 시장에서 벤치마킹할 수 있는 유용한 정보들을 포함하고 있다.

실패 사례도 함께 다루어 신흥 시장에서 피해야 할 일반적인 실수와 리스크를 조명한다.

8) 장기적인 성장 전략

Klein은 신흥 시장에서 지속 가능한 성장을 위해 기업들이 취해야 할 장기적인 전략을 제시한다. 여기에는 현지 시장에 대한 심층적인 이해, 지속 가능한 개발 목표(SDGs)와의 연계, 현지 커뮤니티와의 협력 등이 포함된다.

이러한 장기적 접근은 단기적인 성과보다 신흥 시장에서의 지속 가능한 경쟁 우위를 확보하는 데 초점을 맞추고 있다.

Michael W. Klein의 "Emerging Markets: A Practical Guide for Corporations and Investors"는 신흥 시장에 진출하려는 기업과 투자자들에게 필수적인 실용 가이드로, 복잡한 경제적, 정치적, 문화적 환경을 이해하고, 리스크를 관리하며, 투자 기회를 최적화할 수 있는 방법을 제공한다. 이 책은 글로벌 비즈니스 리더와 투자자들이 신흥 시장에서 성공할 수 있도록 돕는 전략적 지침서이다.

(13) Frank C. H. Hwang의 "Mergers & Acquisitions: A Practical Approach"(인수합병 기술)

Frank C. H. Hwang의 저서 "Mergers & Acquisitions: A Practical Approach"(인수합병 기술)은 M&A(합병 및 인수)의 전반적인 과정과 기

술적 접근 방식을 다루는 실용적인 가이드이다. 이 책은 M&A의 기초부터 고급 전략까지를 포괄하며, 다양한 단계별 접근법을 통해 M&A에 대한 이해를 돕는다. 특히, 실제 사례와 함께 복잡한 M&A 과정의 여러 요소를 상세히 설명하고, 성공적인 거래를 위한 전략적, 재무적, 법률적 고려사항을 다룬다.

1) M&A의 기본 개념과 이론적 배경

Hwang은 M&A의 기본적인 개념과 역사적 배경을 소개하면서, 합병과 인수의 차이점과 그에 따른 전략적 의미를 설명한다.

M&A의 주요 목적은 시너지 효과 창출, 시장 점유율 확대, 기술 및 자산 확보, 규모의 경제 달성 등이며, 이러한 목표를 달성하기 위한 다양한 전략을 소개한다.

2) M&A 프로세스 단계별 설명

이 책은 M&A 프로세스를 전략 기획 단계, 대상 기업 선정, 실사(Due Diligence), 협상 및 계약 체결, 규제 승인, 통합(Post-Merger Integration, PMI)의 주요 단계로 나누어 상세히 설명한다.

각 단계에서 중요한 고려사항과 접근 방법을 제시하며, 특히 실사와 협상 단계의 중요성을 강조한다. 실사 과정에서는 재무적 실사, 법률적 실사, 운영 실사 등 다각적인 평가가 필요하다고 설명한다.

3) 재무 모델링과 가치 평가

M&A 거래에서 핵심적인 부분은 대상 기업의 가치 평가이다. Hwang은

다양한 가치 평가 방법론을 다루며, 특히 할인된 현금 흐름(Discounted Cash Flow, DCF) 모델, 시장 접근법(Market Approach), 거래 배수 분석 (Transaction Multiples) 등을 설명한다.

이 책에서는 가치 평가 과정에서 발생할 수 있는 편향과 오류를 줄이는 방법과 함께, 실질적인 사례를 통해 복잡한 재무 모델링 기법을 쉽게 이해할 수 있도록 돕는다.

4) 합병 후 통합(Post-Merger Integration, PMI) 전략

M&A의 성공 여부는 합병 후 통합(PMI) 과정에 크게 좌우된다. Hwang 은 PMI가 성공적이기 위해 필요한 조직 문화 통합, 시스템 통합, 인사 관리, 리더십 조정 등의 요소를 강조한다.

또한, PMI 계획 수립과 이행에서 발생할 수 있는 주요 장애물과 이를 극복하기 위한 실용적인 전략을 제시한다.

5) 법률 및 규제 문제

M&A는 복잡한 법적 프레임워크 내에서 이루어지기 때문에 법률적 고려사항이 중요하다. Hwang은 M&A와 관련된 주요 법률과 규제, 반독점 법, 증권 규제, 세금 문제 등을 상세히 다룬다.

특히, 합병 계약서(Merger Agreement), 비밀 유지 계약서(Non-Disclosure Agreement, NDA), 지분 취득 제안서(Tender Offer Document) 등의 중요 법적 문서 작성과 검토에 대해 설명한다.

6) 국제 M&A 거래

국제 M&A의 경우, 국가별로 다른 규제 환경, 문화적 차이, 환율 변동성 등의 리스크가 존재한다. Hwang은 국제적인 M&A 거래에서 이러한 요소들을 어떻게 평가하고 관리할 수 있는지에 대한 구체적인 전략을 제시한다.

이 책에서는 다국적 협상 기술, 현지 법규 준수 전략, 외국인 투자 제한 고려 등의 주제를 다루며, 글로벌 시장에서 M&A를 실행하는 데 필요한 종합적인 접근 방식을 제공한다.

7) 리스크 관리와 협상 전략

M&A 거래에서 리스크 관리는 필수적이다. Hwang은 재무적 리스크, 운영 리스크, 시장 리스크 등 주요 리스크를 식별하고, 이를 완화할 수 있는 방법을 설명한다.

특히, M&A 협상 과정에서의 전략적 접근 방법을 소개하며, 가격 협상, 조건 협상, 위험 분담 조항 등을 어떻게 설정할지에 대한 실무적인 팁을 제공한다.

8) M&A의 성공 및 실패 사례 분석

Hwang은 다양한 M&A 성공 및 실패 사례를 통해 중요한 교훈을 제시한다. 성공 사례에서는 어떤 전략과 접근이 유효했는지 설명하고, 실패 사례에서는 어떤 실수와 리스크 관리의 실패가 영향을 미쳤는지 분석한다.

이러한 사례들은 실제 M&A 실무에서의 전략적 의사 결정을 도울 수 있는 중요한 참고자료가 된다.

Frank C. H. Hwang의 "Mergers & Acquisitions: A Practical Approach"
는 M&A의 복잡한 세계를 이해하고, 전략적으로 접근하는 데 필요한 중
요한 지침과 통찰을 제공한다. 이 책은 기업의 M&A 팀, 투자 은행가, 컨
설턴트, 법률 전문가, 그리고 재무 분석가들에게 실무적이고 실질적인 정
보를 제공하며, M&A 과정에서 성공적인 결과를 이끌어 내기 위한 필수
적인 가이드로 자리 잡고 있다.

(14) Michael Useem의 "Corporate Governance and Mergers & Acquisitions"(기업 지배구조와 합병 및 인수)

Michael Useem의 저서 "Corporate Governance and Mergers &
Acquisitions"(기업 지배구조와 합병 및 인수)는 M&A(합병 및 인수) 과정
에서 기업 지배구조(Corporate Governance)가 어떻게 중요한 역할을 하
는지에 대한 깊이 있는 통찰을 제공한다. 이 책은 기업의 이사회, 경영진,
주주, 기타 이해관계자들이 M&A의 각 단계에서 어떻게 상호 작용하고 의
사 결정을 내리는지에 중점을 두고 있다. 특히, 기업 지배구조의 원칙과
M&A의 성공적인 수행 간의 상관관계를 분석한다.

1) 기업 지배구조의 개요
Useem은 기업 지배구조의 정의와 그 중요성을 설명하며, 지배구조가
기업의 전략적 의사 결정과 리스크 관리에 미치는 영향을 다룬다.

기업 지배구조는 이사회(Board of Directors), 경영진(Management), 주주(Shareholders), 외부 감사기관 등 다양한 구성 요소로 이루어져 있으며, 각 요소가 M&A의 성패에 어떻게 기여하는지를 설명한다.

2) M&A와 기업 지배구조의 연관성

M&A 과정에서 기업 지배구조가 왜 중요한지를 설명하며, 올바른 지배구조가 없으면 M&A 거래가 실패하거나 회사에 부정적인 영향을 미칠 수 있다고 강조한다.

M&A 과정에서는 이사회의 감독과 경영진의 투명한 의사 결정이 필수적이다. Useem은 이사회가 M&A 기회를 평가하고 승인하는 과정, 경영진의 역할과 책임, 주주의 권리 보호 등에 대해 논의한다.

3) 이사회의 역할과 책임

이사회는 M&A 거래를 감독하고, 적절한 실사(Due Diligence)가 이루어지도록 하며, 경영진이 회사의 장기적인 이익에 부합하는 결정을 내리도록 하는 중요한 역할을 한다.

Useem은 이사회가 M&A 과정에서 직면할 수 있는 이해 상충 상황과 이러한 문제를 해결하기 위한 독립적 이사(Independent Directors)의 역할을 강조한다. 또한, 이사회가 거래 조건을 검토하고 협상하는 데 필요한 주요 요소를 제시한다.

4) 경영진과 M&A 의사 결정

경영진은 M&A 전략을 수립하고, 대상 기업을 선정하며, 실사 및 협상 과정에서 주도적인 역할을 한다. Useem은 경영진의 인센티브 구조, 성과 기반 보상 시스템, M&A 성과 측정 지표 등의 요소가 의사 결정에 미치는 영향을 분석한다.

경영진이 주주 가치를 극대화하기 위해 어떤 전략적 선택을 해야 하는 지와, 잘못된 인센티브 구조가 어떻게 경영진의 이익을 우선시하는 비효 율적인 결정을 초래할 수 있는지를 설명한다.

5) 주주의 역할과 권리 보호

주주는 M&A 과정에서 중요한 이해관계자로, 특히 대규모 주주(기관 투자자)의 영향력이 크다. Useem은 주주들이 M&A 거래에 대한 정보를 어떻게 접근하고, 주주 총회와 같은 수단을 통해 거래에 반대하거나 지지할 수 있는지 설명한다.

또한, 소액 주주 보호 메커니즘, 적대적 인수 방어 전략(예: 포이즌 필, 황금 낙하산) 등이 M&A 과정에서 주주의 권리를 어떻게 보호하거나 훼 손할 수 있는지에 대한 논의를 포함한다.

6) M&A의 윤리적 및 법적 고려사항

M&A에서 윤리적 이슈와 법적 규제 준수가 중요한 요소로 작용한다. Useem은 M&A 거래의 공정성과 투명성을 유지하기 위한 윤리적 지침과 법적 요구 사항에 대해 설명한다.

특히, 내부자 거래, 시장 조작, 반독점법 등과 같은 법적 문제와 이를 방 지하기 위한 이사회와 경영진의 역할을 강조한다.

7) M&A의 글로벌 측면에서의 지배구조

Useem은 국경을 넘는 M&A 거래에서 기업 지배구조의 복잡성이 더해진다고 설명한다. 각국의 법률, 규제, 문화적 차이로 인해 글로벌 M&A에서의 지배구조 문제는 더욱 까다로울 수 있다.

다국적 기업의 이사회 구성, 경영진의 글로벌 운영 전략, 국제법 준수 등의 주제를 다루며, 글로벌 M&A 거래에서 성공하기 위한 지배구조 전략을 제시한다.

8) 케이스 스터디와 실무 사례

책은 여러 실제 M&A 사례를 통해 기업 지배구조의 중요성을 강조한다. 성공적으로 이루어진 M&A와 실패한 M&A를 비교 분석하여, 각각의 거래에서 이사회와 경영진이 어떤 역할을 했는지를 명확하게 보여 준다.

이를 통해 독자들이 M&A 거래에서 지배구조가 어떻게 작용하는지, 그리고 어떻게 하면 더 나은 의사 결정을 내릴 수 있는지를 이해할 수 있도록 돕는다.

Michael Useem의 "Corporate Governance and Mergers & Acquisitions"는 M&A와 기업 지배구조 간의 관계를 심도 있게 분석한 책으로, 이사회의 역할, 경영진의 의사 결정, 주주 권리 보호, 법적 및 윤리적 고려사항 등을 종합적으로 다루고 있다. 이 책은 경영자, 이사회 구성원, 투자자, 법률 전문가 등 M&A와 지배구조에 관심이 있는 사람들에게 중요한 참고자료가 된다.

2. 재무적 성공을 위한 방정식

(참고: 본 이론은 저자의 논리에 의한 가칭 'MG 방정식 이론'을 정립하여 만듦)

(1)

성공(Success, (s))을 돈(Money, (m))과 교육(Education, (e))의 곱으로 정의하는 수식을 통해, 성공에 대한 계산식을 더 구체적으로 정의해 보겠다. (* 곱셈, / 나눗셈을 의미)

먼저 기본적인 수식은 다음과 같다.

$s = m * e$

이 수식은 성공(s)이 돈(m)과 교육(e)의 곱에 비례한다는 것을 의미한다. 이 공식을 바탕으로, 성공을 더 구체적으로 표현하기 위해 몇 가지 개념을 추가할 수 있다.

1) 가중치 부여

돈과 교육이 성공에 미치는 영향이 다를 수 있으므로, 각 변수에 가중치를 부여할 수 있다. 예를 들어, 돈이 성공에 더 큰 영향을 미친다면 가중치 a 가 크고, 교육이 성공에 미치는 영향이 적다면 가중치 b 가 작을 수 있다.

$s = (a * m) + (b * e)$ (여기서 a 와 b 는 각각 돈과 교육의 중요도를 나타내는 가중치이다.)

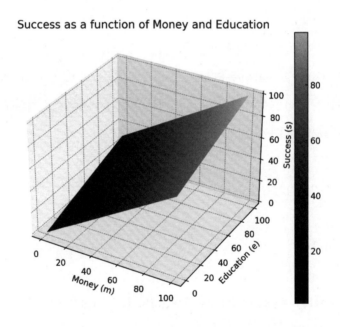

[그래프 설명] 위 3차원 그래프는 성공(s)이 돈(m)과 교육(e)에 어떻게 비례하는지를 시각적으로 보여 준다. 돈과 교육에 각각 가중치 (a = 0.7) 및 (b = 0.3)이 부여된 상태에서, 돈이 성공에 더 큰 영향을 미친다는 것을

확인할 수 있다. 돈과 교육의 값이 커질수록 성공의 값도 증가하는 패턴을 볼 수 있다.

2) 로그 함수 적용

돈과 교육의 증가가 반드시 직선적인 성공의 증가로 이어지지는 않을 수 있다. 예를 들어, 돈이 많아질수록 성공에 미치는 추가적인 효과가 줄어들 수 있고, 이는 로그 함수를 통해 표현할 수 있다.

$s = \log(a * m) + \log(b * e)$

(이 수식에서는 돈과 교육의 증가가 점차적으로 성공에 덜 영향을 미치게 되는 것을 반영한다.)

3) 비율과 한계

특정 임계치 이상에서는 추가적인 돈이나 교육이 성공에 큰 영향을 미치지 않을 수 있다. 이를 비율과 한계로 표현할 수 있다.

$s = \{a * m\}/\{1 + m\} + \{b * e\}/\{1 + e\}$

(* 곱셈, / 나눗셈을 의미)

(여기서 성공은 돈과 교육이 증가함에 따라 한계에 도달하게 되며, 그 이후로는 성공의 증가율이 점점 줄어든다.)

4) 시너지 효과

돈과 교육이 함께 상승할 때 더 큰 성공을 이루는 시너지 효과가 있을 수 있다. 이는 다음과 같이 표현할 수 있다.

$$s = a * m * e + b * (m + e)$$

(이 수식은 돈과 교육이 동시에 상승할 때 성공이 더 크게 증가하는 경우를 나타낸다.)

5) 결론

성공을 단순히 돈과 교육의 곱으로 정의할 수 있지만, 더 현실적인 계산식을 만들기 위해서는 가중치, 로그 함수, 비율과 한계, 시너지 효과 등을 추가하여 보다 복잡한 모델을 구성할 수 있다. 이러한 수식은 성공을 더 정밀하게 표현하는 데 유용할 수 있다.

(2)

성공을 기업 인수합병 교육(M&A Education, (m))과 실천 행동(Action, (a))의 곱으로 정의하는 수식은 다음과 같이 기본적으로 표현 할 수 있다. (* 곱셈, / 나눗셈을 의미)

$$s = m \times a$$

(여기서 성공(s)은 M&A 교육(m)과 실천 행동(a)의 곱에 비례한다. 이 공식은 M&A 교육과 실천 행동이 성공에 어떻게 기여하는지를 나타내며, 두 요소가 서로 강화하는 관계를 표현하고 있다.)

이 수식을 더 구체적으로 정의하기 위해 몇 가지 추가적인 개념을 고려할 수 있다.

1) 가중치를 부여한 수식

M&A 교육(m)과 실천 행동(a)이 성공에 미치는 영향이 다를 수 있으므로, 두 요소에 가중치를 부여할 수 있다. 예를 들어, 성공에 대한 교육의 영향이 더 크다면 가중치 (w_1)이 크고, 실천 행동의 영향이 작다면 가중치 (w_2)가 작을 수 있다.

$s = (w_1 \times m) + (w_2 \times a)$

(여기서 (w_1)과 (w_2)는 각각 교육과 실천 행동의 중요도를 나타내는 가중치이다. 이 수식은 두 요소가 독립적으로 성공에 미치는 영향을 고려하여 성공을 측정할 수 있다.)

성공(s)을 M&A 교육(m)과 실천 행동(a)의 가중치가 반영된 형태로 표현한 수식을 시각적으로 나타내면, 다음과 같이 구체화할 수 있다.

성공 수식 (가중치 부여): $s = (w_1 \times m) + (w_2 \times a)$

(w_1) : M&A 교육의 가중치 (교육이 성공에 미치는 영향도)

(w_2) : 실천 행동의 가중치 (행동이 성공에 미치는 영향도)

(m) : M&A 교육

(a) : 실천 행동

도표로 나타낸다면:

ⓐ X축: M&A 교육 (m)
ⓑ Y축: 성공 (s)
ⓒ Z축: 실천 행동 (a)

가중치에 따라 두 요소의 중요도를 반영한 3차원 그래프를 생성할 수 있다.

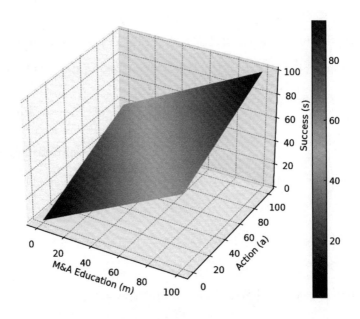

[그래프 설명] 위 3차원 그래프는 성공(s)이 M&A 교육(m)과 실천 행동 (a)에 어떻게 영향을 받는지를 시각적으로 나타낸다. 가중치 (w_1 = 0.6)

(M&A 교육)과 (w$_2$ = 0.4) (실천 행동)이 부여된 상태에서, 두 요소가 성공에 기여하는 방식을 볼 수 있다. M&A 교육과 실천 행동의 값이 증가할수록 성공의 값도 함께 증가하며, 교육의 가중치가 더 높기 때문에 교육이 성공에 더 큰 영향을 미치는 것을 시각적으로 표현하고 있다.

2) 시너지 효과를 고려한 수식

교육과 실천 행동이 상호작용하여 더 큰 성공을 이룰 수 있는 시너지 효과를 고려한 수식을 정의할 수 있다.

$$s = (w_1 \times m) \; x \; (w_2 \times a)$$

이 수식은 M&A 교육과 실천 행동이 서로 상승작용하여 성공을 크게 증가시키는 경우를 표현한다. 두 변수 모두가 중요하며, 하나가 부족할 경우 전체 성공에 큰 영향을 미칠 수 있음을 시사한다.

3) 로그 함수를 사용한 점진적 증가 수식

M&A 교육과 실천 행동이 모두 일정 수준 이상에서만 점진적인 영향을 미친다고 가정하면, 로그 함수를 사용하여 성공의 증가를 표현할 수 있다.

$$s = \log(w_1 \times m) + \log(w_2 \times a)$$

이 수식은 M&A 교육과 실천 행동이 어느 정도의 수준에 도달한 이후에는 그 증가율이 점차 줄어드는 현상을 설명할 때 유용하다.

4) 포화 상태를 고려한 수식

실천 행동이나 교육의 특정 수준 이상에서는 추가적인 투자가 성공에 더 이상 큰 영향을 미치지 않을 수 있다. 이를 나타내기 위해 다음과 같은 포화 상태(Saturation)를 반영한 수식을 사용할 수 있다.

$$s = \{w_1 \times m\}/\{1 + m\} + \{w_2 \times a\}/\{1 + a\}$$

(이 수식은 M&A 교육과 실천 행동이 일정 수준에 도달하면 그 이후로는 성공의 증가가 점점 완화되는 모습을 나타낸다.)

5) 비율 모델 수식

성공이 M&A 교육과 실천 행동의 비율에 따라 결정된다고 가정할 수 있다. 이 경우, 다음과 같은 비율 모델 수식을 고려할 수 있다.

$$s = \{w_1 \times m\}/\{w_2 \times a + k\}$$

(여기서 (k)는 조정 상수이며, (m)과 (a) 사이의 균형을 맞추는 데 사용된다. 이 수식은 M&A 교육과 실천 행동의 비율이 일정 수준 이상이 되어야 성공이 극대화된다는 것을 의미한다.)

6) 결론

성공을 M&A 교육과 실천 행동의 곱으로 정의하는 것은 두 요소가 서로 보완적이며 성공을 달성하는 데 필수적이라는 점을 시사한다. 위의 다양한 수식들은 상황에 따라 성공을 예측하고 설명하는 데 사용할 수 있는 다양한 모델을 제공한다. 이러한 모델들은 M&A 전략을 수립하고 실행할 때 유용하게 활용될 수 있다.

(3)

기업이 성공하기 위해 필요한 요소를 수식으로 표현할 때, 다양한 요인들이 상호작용하며 작용하는 것을 고려해야 한다. 기업의 성공은 일반적으로 다음과 같은 요소들의 조합으로 표현될 수 있다.

{기업 성공} = {리더십}, {혁신}, {고객 만족도}, {재무 관리}, {운영 효율성}, {마케팅 전략}, t{조직 문화})

이를 더 자세하게 구체화하면 다음과 같은 수식으로 나눌 수 있다.

1) 리더십 (Leadership)
L = {비전} * {전략적 계획} * {의사결정 능력} * {팀 리더십}

2) 혁신 (Innovation)
I = {연구개발 투자} * {기술 수용성} * {새로운 아이디어의 시장 적용 속도}

3) 고객 만족도 (Customer Satisfaction)
CS = {제품 품질} * {서비스 품질} * {고객 피드백} * {충성도 프로그램}

4) 재무 관리 (Financial Management)

FM = {수익성} * {비용 효율성} * {자본 구조} *{위험 관리}

5) 운영 효율성 (Operational Efficiency)

OE = {프로세스 최적화} * {자원 관리} * {공급망 관리}

6) 마케팅 전략 (Marketing Strategy)

MS = {시장 조사} * {브랜드 인지도} * {가격 전략} * {프로모션 효과}

7) 조직 문화 (Organizational Culture)

OC = {직원 만족도} * {팀워크} * {혁신 장려 분위기} * {리더십 지원}

이 모든 요소들은 서로 상호작용하며, 기업의 성공에 기여한다. 따라서 기업의 성공을 하나의 종합적인 함수로 표현하면 다음과 같다.

{기업 성공} = L × I × CS × FM × OE × MS × OC

이 수식에서 각 요소의 성과가 낮으면 전체 성공에 큰 영향을 미칠 수 있으므로, 기업은 이 모든 요소를 균형 있게 관리하는 것이 중요하다.

(4)

M&A(인수합병, Mergers and Acquisitions)의 성공을 위해서는 여러 복

합적인 요소들이 중요하다. M&A의 성공은 전략적 기획, 재무적 분석, 운영적 통합, 문화적 통합 등 다양한 요인들의 상호작용을 통해 결정된다. 이를 수식으로 표현하면 다음과 같은 요소들이 포함될 수 있다.

{M&A 성공} = {전략적 적합성}, {재무 분석}, {통합 계획}, {조직 문화 통합}, {법적 및 규제 준수}

이를 더 구체적으로 세분화하여 수식으로 표현하면 다음과 같이 나눌 수 있다.

1) 전략적 적합성 (Strategic Fit)
SF = {시장 성장성} * {제품/서비스 시너지} * {장기적 전략 목표 일치}

사례: 다임러(Daimler)와 크라이슬러(Chrysler)의 합병(1998)은 전략적 적합성 부족으로 실패한 대표적 사례이다. 두 회사는 자동차 산업의 강자였지만, 다임러는 고급차 중심, 크라이슬러는 대중차 중심이었고, 시장 전략이 다소 상충하여 시너지 창출에 실패했다.

2) 재무 분석 (Financial Analysis)
FA = {가치 평가} * {재무 건전성} * {자금 조달 계획} * {위험 분석}

사례: AOL과 타임워너(Time Warner)의 합병(2000)은 잘못된 가치 평가로 인해 실패한 사례이다. 인터넷 붐을 타고 AOL의 주식 가치가 부풀

려졌고, 이후 시장 가치가 급격히 하락하면서 합병의 재무적 손실이 막대했다.

3) 통합 계획 (Integration Planning)

IP = {운영 통합 전략} * {인사 통합} * {기술 시스템 통합} * {프로세스 최적화}

사례: 디즈니(Disney)와 픽사(Pixar)의 합병(2006)은 성공적인 통합 계획의 사례로 자주 언급된다. 디즈니는 픽사의 창의적 문화를 존중하면서 운영 효율성을 높이기 위한 체계적인 통합 전략을 실행했다.

4) 조직 문화 통합 (Organizational Culture Integration)

OCI = {조직 문화 적합성} *{커뮤니케이션 계획} * {갈등 관리} * {변화 관리 프로그램}

사례: HP와 컴팩(Compaq)의 합병(2001)은 조직 문화 통합의 어려움으로 인해 실패한 사례로 꼽힌다. 두 회사는 서로 다른 운영 방식과 조직 문화를 가지고 있었으며, 통합 과정에서 많은 갈등이 발생했다.

5) 법적 및 규제 준수 (Legal and Regulatory Compliance)

LRC = t{법적 위험 분석} *{규제 승인} * {계약 검토} * {윤리적 기준 준수}

사례: 브리티시 아메리칸 타바코(British American Tobacco)와 레이놀

즈 아메리칸(Reynolds American)의 합병(2017)은 철저한 법적 및 규제 준수를 통해 성공한 사례이다. 이들은 법적 검토와 규제 승인을 체계적으로 관리하여 합병을 성공적으로 완료했다.

6) 인재 유지 및 관리 (Talent Retention and Management)

TRM = {핵심 인재 식별} * {유지 전략} * {직원 동기부여}

사례: 구글(Google)이 유튜브(YouTube)를 인수(2006)했을 때, 유튜브의 핵심 인재들을 유지하며 독립적으로 운영할 수 있는 환경을 제공함으로써 큰 성공을 거두었다.

7) 시장 반응 관리 (Market Reaction Management)

MRM = {주주 가치 증대 전략} * {투자자 관계 관리} * {미디어 및 공공 관계}

이 요소들을 종합하여 M&A의 성공을 나타내는 수식은 다음과 같다.

{M&A 성공} = SF x FA x IP x OCI x LRC x TRM x MRM

이 수식에서 각 요소가 상호작용하며, 하나의 요소가 실패할 경우 전체 M&A의 성공에 부정적인 영향을 미칠 수 있다. 따라서, M&A 프로세스에서는 이러한 모든 요소들을 신중하게 계획하고 관리하는 것이 필수적이다.

사례: 페이스북(Facebook)이 인스타그램(Instagram)을 인수(2012)한 사례에서는 시장 반응 관리가 잘 이루어졌다. 이 인수는 페이스북의 주가에 긍정적인 영향을 미쳤고, 주주들과의 신뢰도 강화에 기여했다.

3. M&A 성공 전략을 위한 상식

(1)

영업이익은 기업이 본업을 통해 벌어들인 수익에서 운영에 직접 관련된 비용을 차감한 후의 이익을 의미한다. 이는 기업의 본질적인 영업 활동의 성과를 나타내며, 금융비용, 세금, 이자, 비정상적인 항목 등을 제외한 수익이다. 영업이익은 기업의 지속적인 경영 활동에서 발생한 이익을 파악하는 데 중요한 지표로 사용된다. 이 지표는 기업의 수익성을 평가하고, 경영 효율성을 측정하는 데 중요한 역할을 한다.

영업이익 = 매출액 - 매출원가 - 판매비와 관리비

1) 영업이익 사례

① 사례 1: 삼성전자

삼성전자는 매출액이 크고 글로벌 시장에서 활발히 활동하는 기업이다. 2023년 2분기 기준으로 삼성전자의 영업이익은 약 6.57조 원을 기록

했다. 이는 주로 반도체 사업 부문의 부진으로 인해 전년 동기 대비 감소한 수치이다. 반면, 스마트폰과 디스플레이 부문의 성장은 일정 부분 영업이익을 지탱하는 역할을 했다.

② 사례 2: 현대자동차

현대자동차는 전기차와 SUV 라인의 성장 덕분에 영업이익이 꾸준히 증가하고 있다. 2023년 상반기 현대자동차의 영업이익은 전년 동기 대비 약 21% 증가한 약 4.2조 원을 기록했다. 이는 제품 믹스 개선과 원가 절감 등의 요인이 긍정적으로 작용한 결과이다.

③ 시사점
- 사업 다각화의 중요성: 삼성전자의 사례에서 알 수 있듯이, 단일 사업 부문의 부진이 전체 영업이익에 큰 영향을 미칠 수 있다. 따라서 사업 다각화는 영업이익을 안정적으로 유지하는 데 중요한 전략이다. 현대 자동차의 경우 전기차와 SUV 라인의 성공적인 성장이 전체 영업이익에 긍정적인 영향을 미쳤다.
- 원가 관리의 필요성: 영업이익은 매출원가와 판매비, 관리비 등의 비용을 어떻게 관리하느냐에 따라 크게 달라진다. 비용 관리가 잘 이루어질 경우, 매출이 동일하더라도 영업이익을 극대화할 수 있다. 이는 기업의 내부 효율성을 높이고, 외부 환경 변화에 대응할 수 있는 중요한 요소이다.
- 시장 환경에 대한 민감성: 영업이익은 시장의 환경 변화에 민감하다. 예를 들어, 삼성전자는 반도체 시장의 변동성에 따라 영업이익이 크

게 변화했다. 따라서 기업은 시장 상황을 지속적으로 모니터링하고, 이에 따라 빠르게 대응할 수 있는 능력을 갖추는 것이 중요하다.

이와 같은 사례와 시사점은 기업 경영에서 영업이익이 얼마나 중요한 지표인지를 보여 주며, 이를 통해 기업의 건강성과 장기적인 성장 가능성을 평가할 수 있다.

● M&A(인수합병)에서 영업이익은 매우 중요한 역할을 한다. 영업이익은 기업의 본질적인 경영 성과를 보여 주는 지표이기 때문에, M&A 과정에서 여러 측면에서 중요한 의사결정을 내리는 데 사용된다.

a) 영업이익의 중요성

- 기업 가치 평가

M&A 거래에서 기업의 가치는 주로 미래 수익성과 현금 흐름을 기준으로 평가된다. 영업이익은 그 기업이 지속적으로 창출할 수 있는 수익성을 나타내기 때문에, 기업 가치 평가의 핵심 지표로 사용된다. 영업이익이 높을수록, 기업의 가치는 더 높게 평가될 가능성이 크다.

인수자는 목표 기업의 영업이익을 통해 향후 투자 수익률을 예상할 수 있다. 이는 M&A의 성사 여부와 거래 조건에 큰 영향을 미친다.

- 재무 안정성 판단

영업이익은 기업의 운영 효율성을 보여 주며, 재무적 안정성을 판단하는 데 중요한 기준이 된다. 영업이익이 지속적으로 안정적이거나 증가하는 기업은 재무적 위험이 낮고, 이는 인수자에게 매력적인 요소로 작용한다.

반대로 영업이익이 불안정하거나 감소하고 있는 기업은 인수 이후 추가적인 경영 개선이 필요할 수 있으며, 이는 인수자에게 부담으로 작용할 수 있다.

- 인수 후 시너지 효과 분석

M&A의 성공 여부는 인수 후 시너지 효과를 얼마나 잘 실현하느냐에 달려 있다. 영업이익 분석을 통해 인수자는 인수 후 비용 절감, 매출 증가 등 시너지 효과를 예측할 수 있다. 예를 들어, 영업이익률이 낮은 기업을 인수하여 경영 효율성을 개선할 여지가 크다면, 인수 후 영업이익을 증가시킬 수 있는 가능성을 평가할 수 있다.

- 협상에서의 지렛대

인수 대상 기업의 영업이익이 매우 높다면, 이는 협상에서 인수 대상 기업이 높은 인수 금액을 요구할 수 있는 지렛대가 된다. 반대로, 영업이익이 낮거나 불안정하다면 인수자는 이를 근거로 인수 가격을 낮추거나 더 유리한 조건을 제시할 수 있다.

- 결론

영업이익은 M&A 과정에서 기업의 가치를 정확히 평가하고, 인수 후의 성공 가능성을 높이는 데 중요한 역할을 한다. 인수자는 영업이익을 통해 대상 기업의 실제 수익성을 파악하고, 이를 바탕으로 전략적인 결정을 내릴 수 있다. 따라서 M&A를 계획하는 기업은 목표 기업의 영업이익을 면밀히 분석하고, 이를 바탕으로 거래 조건을 최적화해야 한다.

● 영업이익률(Operating Profit Margin)은 기업의 영업활동으로 발생한 이익이 매출액에서 얼마나 차지하는지를 나타내는 지표이다. 영업이익률은 영업 효율성을 평가하는 데 중요한 지표로, 다음과 같은 공식으로 계산된다.

a) 영업이익률 계산 사례
- 회사 A의 재무 데이터
  매출액: 50억 원 (5,000,000,000원)
  매출원가: 30억 원 (3,000,000,000원)
  판매비 및 관리비: 10억 원 (1,000,000,000원)

- 영업이익 계산
  영업이익: 매출액 - 매출원가 - 판매비 및 관리비
  {영업이익} = 50억 원 - 30억 원 - 10억 원 = 10억 원

- 영업이익률 계산
  {영업이익률} = {10억 원}/{50억 원}*100
  {영업이익률} = {10,000,000,000}/{50,000,000,000} *100
  {영업이익률} = 0.2 * 100 = 20

- 결론: 회사 A의 영업이익률은 20%이다. 이는 회사 A가 매출액의 20%를 영업활동에서 이익으로 창출했음을 의미한다.

이 사례에서 계산된 영업이익률은 기업의 수익성을 평가하는 중요한 지표로, 영업활동이 얼마나 효율적으로 이루어졌는지를 보여 준다. 영업이익률이 높을수록 기업의 영업활동이 효율적임을 의미한다.

(2)

M&A 과정에서 "티저(Teaser)"는 매우 중요한 역할을 하는 문서이다. 티저는 잠재적 인수자들에게 목표 기업에 대한 첫 번째 인상을 주고, 인수에 대한 흥미를 유발하기 위해 작성되는 간략한 소개 자료이다.

1) 티저의 주요 특징
① 익명성 유지
티저는 대상 기업의 신원을 드러내지 않으면서, 기업에 대한 중요한 정보를 제공하는 방식으로 작성된다. 이는 비밀 유지 계약(NDA) 체결 이전에 대상 기업이 누구인지 바로 드러나는 것을 방지하고, 기밀을 보호하는 데 도움을 준다.

② 간결하고 핵심적인 정보 제공
티저는 매우 간결하게 작성되며, 보통 1~2페이지로 구성된다. 여기에는 기업의 주요 사업 내용, 재무 성과, 시장에서의 위치, 인수의 잠재적 이점 등에 대한 정보가 포함된다. 다만, 지나치게 구체적인 정보는 포함되지 않는다.

③ 목적

티저의 주된 목적은 잠재적 인수자들에게 흥미를 유발하여, 더 많은 정보를 요청하고자 하는 의사를 가지게 하는 것이다. 인수자가 티저를 보고 관심을 가지면, NDA를 체결한 후 추가적인 상세 정보를 제공받게 된다.

2) 티저에 포함될 수 있는 정보
① 기업 개요

기업의 업종, 사업 모델, 주요 제품 및 서비스, 운영 지역 등에 대한 간략한 설명이 포함된다.

② 재무 정보

최근 몇 년간의 주요 재무 성과(예: 매출, 영업이익, EBITDA 등)를 간략히 요약한다. 이는 잠재적 인수자들이 기업의 규모와 수익성을 파악할 수 있게 한다.

③ 시장 위치

기업이 속한 산업 내에서의 위치와 경쟁력, 시장 점유율 등에 대한 정보가 포함될 수 있다.

④ 인수 시너지

인수자가 인수 후 얻을 수 있는 잠재적인 시너지 효과나 성장 기회에 대해 간략히 언급할 수 있다.

⑤ 인수 목적

왜 기업이 매물로 나왔는지, 예를 들어 사업 구조 조정, 창업자의 퇴진, 새로운 성장 기회 탐색 등과 같은 이유를 간략히 설명할 수 있다.

3) 티저의 역할

티저는 M&A 프로세스에서 잠재적 인수자들에게 관심을 끌기 위한 첫 번째 단계로, 성공적인 M&A 거래의 출발점이 된다. 잘 작성된 티저는 더 많은 잠재적 인수자들을 끌어들여 경쟁을 유도할 수 있으며, 이는 궁극적으로 더 나은 거래 조건을 이끌어낼 수 있다.

티저는 M&A 과정에서 인수 의향을 가진 기업들의 주목을 끌고, 이후 실사(Due Diligence) 및 협상을 이어가는 중요한 디딤돌이 된다.

● 티저(Teaser)는 M&A 과정에서 잠재적 인수자에게 목표 기업을 간략하게 소개하고, 인수에 대한 흥미를 유발하는 문서이다. 아래에 예시로 사용할 수 있는 가상의 티저 샘플을 제공한다.

● M&A Teaser
- 산업: 헬스케어 테크놀로지

- 기업 개요: "HealthTech Co."는 최신 헬스케어 소프트웨어 솔루션을 개발하는 선도적인 기술 기업이다. 이 회사는 병원, 클리닉, 의료 네트워크에 효율적인 데이터 관리와 환자 진료를 지원하는 종합적인 클라우드 기반 플랫폼을 제공한다.

  HealthTech Co.는 시장에서 독자적인 기술력과 사용자 친화적인 인터페이스로 경쟁력을 확보하고 있으며, 고객 만족도가 높은 편이다. 10년 이상의 운영 경험과 더불어, 이 회사는 전 세계 30개국에 고객사를 보유하고 있다.

- 주요 사업 내용

  전자 건강 기록(EHR) 관리 시스템

  원격 진료 및 화상 상담 플랫폼

  환자 데이터 분석 및 예측 알고리즘

  헬스케어 시스템 통합 서비스

- 재무 정보

  2022년 매출: $50 million

  2022년 EBITDA: $12 million

  3년 평균 매출 성장률: 15%

  주요 시장: 북미, 유럽, 아시아

- 시장 위치

  HealthTech Co.는 헬스케어 IT 분야에서 빠르게 성장 중인 기업으로,

특히 중소형 의료 기관을 대상으로 한 솔루션에서 강력한 시장 점유율을 보유하고 있다. 현재 AI 기반의 진단 지원 시스템을 개발 중이며, 이는 차세대 성장 동력으로 기대되고 있다.

- 투자 포인트 및 시너지

고객 기반 확대: 이미 구축된 글로벌 고객 네트워크를 통해 빠르게 시장을 확장할 수 있는 잠재력이 있다.

기술력 강화: 독자적인 기술과 특허를 보유하고 있어, 인수자는 헬스케어 솔루션 포트폴리오를 강화할 수 있다.

확장성: 추가적인 연구개발(R&D) 투자로 새로운 제품 라인을 개발할 기회가 있다.

- 인수 이유: HealthTech Co.의 창립자는 퇴직을 고려 중이며, 새로운 성장 동력을 찾고 있는 인수자에게 회사를 매각하고자 한다. 현 경영진은 인수 후에도 일정 기간 동안 경영을 지원할 의사가 있다.

- 기타 사항

대상 회사의 이름과 구체적인 정보는 비밀 유지 계약(NDA) 체결 후에 공개된다.

초기 인수 제안을 통해 향후 협상 단계로 진행될 예정이다.

- 연락처

M&A 자문사:

담당자:

이메일:

전화번호:

이 티저 샘플은 M&A 과정에서 초기 관심을 끌기 위해 사용되며, 상세한 정보는 NDA 체결 후에 제공된다.

(3)

M&A(인수합병) 거래에서 매도 대리인의 맨데이터(Mandate)는 매도 측에서 자신들의 회사를 매각하기 위해 특정 투자은행(IB)이나 M&A 자문사를 공식 대리인으로 임명하는 것을 의미한다. 매도 대리인은 이 문서를 통해 회사 매각을 공식적으로 진행하고, 잠재적인 인수자들과 협상하며, 거래를 완료하는 데 중요한 역할을 맡는다.

다음은 매도 대리인의 맨데이터 예시이다.

1) 매도 대리인 맨데이터
발행인: [회사명]

발행일자: [날짜]

대리인: [투자은행 또는 자문사 이름]

① 목적

발행인은 본 문서를 통해 대리인을 공식적으로 매도 대리인으로 임명하며, 대리인은 발행인을 대신해 회사 매각 절차를 진행할 수 있는 권한을 부여받는다.

② 범위

대리인은 발행인의 회사, 자산, 부채, 지분 등의 매각을 목적으로 잠재적 인수자를 발굴하고, 협상, 실사(due diligence), 계약 체결 등을 수행할 권한을 갖는다.

③ 업무 내용
- 매도 전략 수립 및 실행
- 잠재 인수자 리스트 작성 및 접촉
- 마케팅 자료 작성 및 배포
- 인수자와의 협상 주도
- 법적, 재무적 자문 역할 수행
- 거래 구조 및 조건 협상

④ 보수

대리인은 성공 수수료(success fee) 및 기타 수수료를 발행인에게 청구할 권리가 있으며, 이는 사전에 합의된 조건에 따른다.

⑤ 기밀 유지

대리인은 매도 과정에서 취득한 모든 정보에 대해 기밀을 유지할 의무가 있으며, 이를 외부에 누설해서는 안 된다.

⑥ 계약 기간

본 맨데이터의 유효 기간은 [시작일자]부터 [종료일자]까지이며, 양측의 합의에 따라 연장될 수 있다.

⑦ 해지

발행인 또는 대리인은 상호 합의에 따라 본 맨데이터를 해지할 수 있으며, 해지 시 대리인은 즉시 모든 활동을 중단하고 관련 자료를 발행인에게 반환해야 한다.

발행인 서명: [서명]
대리인 서명: [서명]

이 예시는 실제 상황에 맞게 수정이 필요할 수 있다. 계약 조건과 관련한 세부 사항은 해당 법률 자문을 통해 구체화되어야 한다.

(4)

M&A(인수합병) 거래에서 매수 대리인의 맨데이터(Mandate)는 매수측에서 특정 투자은행(IB)이나 M&A 자문사를 공식 대리인으로 임명하는

문서를 의미한다. 이 문서를 통해 매수 대리인은 잠재적인 매도자들과의 협상 및 거래 절차를 공식적으로 진행할 수 있는 권한을 부여받는다.

다음은 매수 대리인의 맨데이터 예시이다.

1) 매수 대리인 맨데이터

발행인: [매수 회사명]

발행일자: [날짜]

대리인: [투자은행 또는 자문사 이름]

① 목적

발행인은 본 문서를 통해 대리인을 공식적으로 매수 대리인으로 임명하며, 대리인은 발행인을 대신해 회사 인수 절차를 진행할 수 있는 권한을 부여받는다.

② 범위

대리인은 발행인이 목표로 하는 산업 분야에서 적합한 인수 대상을 발굴하고, 협상, 실사(due diligence), 계약 체결 등을 수행할 권한을 갖는다.

③ 업무 내용

매수 전략 수립 및 실행

인수 대상 리스트 작성 및 평가

인수 대상과의 접촉 및 협상 주도

인수 관련 마케팅 자료 작성 및 검토

법적, 재무적 자문 역할 수행

거래 구조 및 조건 협상

④ 보수

대리인은 성공 수수료(success fee) 및 기타 수수료를 발행인에게 청구할 권리가 있으며, 이는 사전에 합의된 조건에 따른다. 일반적으로 이는 인수 금액의 일정 비율로 책정된다.

⑤ 기밀 유지

대리인은 인수 과정에서 취득한 모든 정보에 대해 기밀을 유지할 의무가 있으며, 이를 외부에 누설해서는 안 된다.

⑥ 계약 기간

본 맨데이터의 유효 기간은 [시작일자]부터 [종료일자]까지이며, 양측의 합의에 따라 연장될 수 있다.

⑦ 해지

발행인 또는 대리인은 상호 합의에 따라 본 맨데이터를 해지할 수 있으며, 해지 시 대리인은 즉시 모든 활동을 중단하고 관련 자료를 발행인에게 반환해야 한다.

발행인 서명: [서명]

대리인 서명: [서명]

이 예시는 실제 상황에 맞게 조정이 필요할 수 있으며, 법률 및 재무 전문가의 조언을 통해 구체화하는 것이 중요하다.

M&A 프로세스 매트릭스 사분면

사분면	단계	설명
1사분면: 전략적 기획	초기 전략 수립 및 계획 단계, M&A의 목적과 방향을 설정.	티저 작성, 인수의향서(LOI)를 통해 매도자와 매수자가 상호 인식을 공유.
2사분면: 탐색 및 협상	적절한 대상 발굴 및 협상, 대리인을 통해 협상 진행.	매도/매수 대리인을 선정하고 맨데이트 계약을 체결해 구체적 협상 구조를 마련.
3사분면: 리스크 분석	기초실사(Due Diligence)를 통해 리스크를 파악, 거래의 타당성을 평가.	재무적, 법적 문제를 분석하여 인수 후 문제 발생을 방지하는 중요 단계.
4사분면: 실행 및 통합	실제 합병 및 통합을 실행, 자금 조달이 완료된 후 합병을 진행.	합병 후 성과 관리 및 통합 작업을 통해 시너지를 극대화.

(5)

M&A에서 자금 증빙서류는 인수자가 거래를 완료할 수 있는 재정적 능력을 입증하기 위해 필요한 문서이다. 이 서류는 매도자에게 인수자가 자금을 확보했거나 확보할 계획임을 증명하는 역할을 하며, 거래의 신뢰성을 높이는 데 중요한 역할을 한다. 아래에 자금 증빙서류의 예시를 소개한다.

1) 자금 증빙서류 예시

① 자금 조달 계획서(Funding Plan)

- 내용: 인수자가 거래에 필요한 자금을 어떻게 조달할 계획인지 구체적으로 명시한 문서이다. 자금 조달의 출처(자체 자금, 대출, 투자자 등), 조달 시기, 조건 등을 포함한다.

- 예시

　총 자금 필요액: 1억 달러

　자체 자금: 3천만 달러

　은행 대출: 5천만 달러 (AAA 은행에서 조건부 승인)

　투자자 출자: 2천만 달러 (ABC 투자사에서 출자 확약서 제공)

② 은행 잔고 증명서(Bank Statement)

- 내용: 인수자의 은행 계좌에 있는 잔액을 확인하는 공식 문서로, 자금의 실제 보유 여부를 증명한다. 해당 문서에는 계좌번호, 현재 잔액, 발행 날짜 등이 포함된다.

- 예시

　계좌번호: 123-456-789

　잔고: $30,000,000

　발행일: 2024년 8월 31일

　은행명: ABC Bank

③ 투자 확약서(Investor Commitment Letter)

- 내용: 외부 투자자가 인수 자금을 제공하기로 약속한 문서이다. 투자

확약서에는 투자자 정보, 투자 금액, 투자 조건 등이 명시된다.

- 예시

  투자자: ABC Investment Group

  투자 금액: $20,000,000

  조건: 거래 완료 시, 자금 이체

  서명자: John Doe, Managing Partner

④ 대출 승인서(Loan Approval Letter)

- 내용: 은행 또는 금융기관이 인수 자금을 대출해 주기로 승인한 공식
  문서이다. 대출 금액, 이자율, 상환 조건 등이 포함된다.

- 예시

  대출 기관: ABC Bank

  대출 금액: $50,000,000

  이자율: 연 4.5%

  상환 기간: 5년

  조건: 인수 계약 체결 후 30일 이내 자금 지급

⑤ 자금 조달 계약서(Funding Agreement)

- 내용: 인수자가 투자자 또는 금융기관과 체결한 자금 조달 관련 계약
  서이다. 계약서에는 자금 제공 조건, 시기, 금액, 의무사항 등이 포함
  된다.

- 예시

  계약 당사자: XYZ Holdings (인수자)와 ABC Capital (투자자)

자금 제공액: $20,000,000

조건: 인수자에 대한 독점적 투자, 5년 간의 투자 회수 기간

서명일: 2024년 8월 25일

⑥ 자금 사용 계획서(Use of Funds Statement)

- 내용: 인수자가 확보한 자금을 어떻게 사용할 것인지 구체적으로 계획
한 문서이다. 인수 대금, 운영 자금, 통합 비용 등 자금 사용 항목별로
명확히 기재한다.

- 예시

  인수 대금: $80,000,000

  통합 비용: $10,000,000

  운영 자금: $5,000,000

  기타 비용: $5,000,000

⑦ 서류 준비 시 유의사항

- 정확성: 모든 서류는 최신 정보로 정확하게 작성되어야 하며, 자금의
출처와 용도를 명확히 명시해야 한다.

- 투명성: 자금 조달 계획과 관련된 모든 이해관계자에게 투명하게 제공
되어야 하며, 필요한 경우 매도자 측의 추가 요구에 응할 준비가 되어
있어야 한다.

- 공식성: 서류는 모두 공식적인 기관 또는 서명 권한이 있는 자로부터
발급되거나 작성된 것이어야 한다.

이러한 자금 증빙서류들은 M&A 과정에서 인수자의 자금 조달 능력을 매도자에게 확실히 보여 주며, 거래의 신뢰성을 높이는 데 중요한 역할을 한다.

(6)

투자유치 시 투자금의 사용 용도는 투자자에게 자금을 어떻게 활용할 것인지 명확하게 설명하는 중요한 부분이다. 이는 회사의 성장 계획을 구체화하고, 투자자들에게 자금이 효과적으로 사용될 것임을 보여 준다. 아래는 투자금 사용 용도에 대한 예시 샘플이다.

1) 제품 개발 및 연구 (30%)
① 신제품 개발: 기존 제품의 업그레이드 및 신제품 개발을 위한 연구개발(R&D) 비용으로 사용된다.
② 기술 인프라: 인공지능 기반 기능 추가 및 소프트웨어 개선을 위한 기술 인프라 구축에 투자된다.

2) 마케팅 및 고객 확보 (25%)
① 디지털 마케팅: 소셜 미디어, 검색엔진 최적화(SEO), 콘텐츠 마케팅 등을 포함한 디지털 마케팅 캠페인에 사용된다.
② 브랜드 인지도 제고: 오프라인 및 온라인에서의 브랜드 인지도 향상을 위한 광고 및 프로모션 활동에 자금을 투입할 예정이다.

3) 인력 채용 및 조직 강화 (20%)

① 핵심 인력 채용: 연구개발, 마케팅, 영업 부문의 핵심 인재를 확보하기 위한 인건비로 사용된다.

② 팀 확장 및 교육: 기존 직원들의 역량 강화를 위한 교육 프로그램 및 팀 확장을 위한 비용에 사용된다.

4) 운영 자금 (15%)

① 운영비: 임대료, 유틸리티, 사무용품 등 일상적인 운영 비용을 충당하기 위한 자금이다.

② 유동성 확보: 예상치 못한 운영 리스크에 대비한 유동 자금으로 사용된다.

5) 글로벌 진출 (10%)

① 해외 시장 조사: 신규 시장 진출을 위한 현지 조사 및 분석에 자금을 사용할 예정이다.

② 현지화 작업: 글로벌 시장 진출을 위한 제품 및 서비스의 현지화 작업에 투자된다.

이 예시는 회사의 특성에 맞게 조정할 필요가 있으며, 각 항목에 대한 구체적인 계획을 함께 제시하는 것이 좋다. 투자자는 자금이 효율적으로 사용될 것이라는 확신을 가질 때 투자에 더욱 긍정적으로 반응할 것이다.

(7)

M&A(인수합병)에서 합병 과정은 매우 체계적이고 단계별로 진행된다. 다음은 가상의 회사를 예로 들어 합병 과정을 구체적으로 설명한 샘플이다.

1) 전략 수립 및 목표 설정

① 회사 A와 회사 B의 전략적 목표 분석: 회사 A는 글로벌 시장 진출을 위해 기술력 있는 중소기업을 인수하고자 하며, 회사 B는 자금 확보와 시장 확장을 위해 합병을 고려 중이다.

② 합병 시너지 예상: 양사의 기술력 및 시장 접근성을 결합해 제품 라인업을 확장하고, 생산 비용 절감을 목표로 한다.

2) 타겟 회사 선정

① 타겟 회사 평가: 회사 A는 회사 B가 보유한 기술력과 시장 점유율을 분석하여 타겟으로 선정한다.

② 비공식적인 접촉: 회사 A의 CEO가 회사 B의 CEO에게 비공식적으로 합병 의사를 타진한다.

3) 합병 구조 설계 및 제안

① 합병 구조 설계: 회사 A는 회사 B를 주식 교환 방식으로 인수하며, 기존 회사 B 주주들에게 회사 A의 주식을 제공하는 구조를 제안한다.

② 비밀 유지 계약(NDA) 체결: 양사는 비밀 유지 계약을 체결하여 협상 과정에서의 기밀 정보 보호를 약속한다.

③ 의향서(LOI) 작성: 회사 A는 회사 B에 의향서를 발송하여 합병의 기본 조건과 의사를 공식적으로 제시한다.

4) 실사(Due Diligence)

① 재무 실사: 회사 A는 회사 B의 재무제표, 부채, 자산 등을 검토하여 재무적 리스크를 평가한다.

② 법무 실사: 법률팀이 회사 B의 계약, 소송 및 법적 리스크를 분석한다.

③ 운영 실사: 회사 A의 운영팀이 회사 B의 생산 설비, 직원 구조 및 운영 프로세스를 평가한다.

④ 기술 실사: 기술 전문가가 회사 B의 핵심 기술, 특허, R&D 역량을 평가한다.

5) 합병 계약 협상

① 계약 조건 협상: 회사 A와 회사 B는 합병 비율, 주식 교환 비율, 조건부 계약 사항 등을 협상한다.

② 합병 계약서 작성: 양측의 법률 자문을 통해 최종 합병 계약서를 작성하고, 이사회 및 주주의 승인을 받는다.

6) 규제 승인 및 주주 동의

① 규제 기관 승인: 합병이 반독점 규제에 해당하는지 확인하고, 필요시 공정거래위원회 등 관련 기관에 승인을 요청한다.

② 주주 동의 확보: 양사 주주총회를 개최하여 합병에 대한 승인을 받는다. 회사 B 주주는 합병 조건에 동의하고 회사 A의 주식을 받는다.

7) 합병 마무리 (Closing)

① 합병 완료: 모든 조건이 충족되면 합병이 최종적으로 완료된다.

② 자산 및 주식 이전: 회사 B의 자산, 부채, 직원 등이 회사 A로 이전된다. 기존 회사 B 주주들은 회사 A의 주식을 받는다.

③ 합병 공시: 합병이 완료되었음을 공시하고, 새로운 합병 회사를 출범한다.

8) 통합 및 시너지 창출

① 조직 통합: 양사의 조직을 하나로 통합하고, 새로운 조직 구조를 설계한다.

② IT 시스템 통합: 회사 A와 회사 B의 IT 시스템을 통합하여 효율성을 극대화한다.

③ 시너지 실행: 합병의 시너지를 극대화하기 위해 제품 라인업 확장, 비용 절감, 마케팅 전략 조정 등의 실행 계획을 추진한다.

9) 사후 평가 및 조정

① 합병 성과 평가: 합병 후 6개월 및 1년 시점에서 시너지 효과와 재무 성과를 평가한다.

② 필요한 조정: 예상과 다른 문제가 발생할 경우, 이를 해결하기 위해 조직 구조, 운영 방식 등을 조정한다.

이 샘플은 가상의 사례를 기반으로 한 것이며, 실제 상황에서는 각 단계가 회사의 상황에 맞게 조정될 수 있다. 합병 과정에서 법률 및 재무 전문가의 조언을 받는 것이 중요하다.

(8)

합병 구조 설계는 M&A(인수합병) 과정에서 매우 중요한 단계로, 합병의 법적, 재무적, 운영적 측면을 구체화하는 작업이다. 이 설계는 합병 후의 기업 구조와 주주 지분, 자산 및 부채의 처리, 합병 방식 등을 포함한다. 아래는 합병 구조 설계의 샘플이다.

1) 합병 형태 선택
① 법적 구조

합병 형태는 주식교환(Share Swap) 방식으로 진행된다. 회사 A는 존속 법인으로 남으며, 회사 B는 회사 A에 합병되어 소멸된다.

주식교환 비율은 양사 주식의 평가 가치를 기반으로 책정된다. 회사 B의 주주들은 회사 A의 주식을 배정받게 된다.

② 합병 방법

합병은 포괄적 주식 이전 방식으로 이루어지며, 회사 B의 모든 자산, 부채, 계약 및 권리가 회사 A로 이전된다.

2) 주식 교환 비율 및 지분 구조
① 주식 교환 비율

양사 평가 후 결정된 주식 교환 비율은 1:1.5이다. 이는 회사 B의 주주가 보유한 주식 1주당 회사 A의 주식 1.5주를 배정받는 것을 의미한다.

②합병 후 지분 구조

합병 후 회사 A의 주식은 기존 회사 A 주주가 60%, 회사 B 주주가 40% 의 지분을 보유하게 된다.

회사 A의 이사회는 양사 주주들을 대표하는 인원으로 재구성된다.

③자산 및 부채 처리

- 자산 이전

회사 B의 모든 자산(부동산, 기계설비, 지적 재산권 등)은 합병 완료 시 회사 A의 자산으로 이전된다.

자산 이전은 합병일 기준으로 회사 A의 회계장부에 반영된다.

- 부채 처리

회사 B의 모든 부채는 회사 A로 이전되며, 회사 A는 이를 인수하여 상환 책임을 진다. 부채 이전에 대한 법적 및 재무적 리스크는 사전에 실사를 통해 확인되었다.

④인력 및 조직 구조

- 인력 통합

회사 B의 모든 직원은 회사 A의 직원으로 전환되며, 통합 후 조직 재편성 계획이 수립된다.

핵심 인력의 유출을 방지하기 위해 인센티브 및 고용 보장 프로그램

이 마련된다.

- 조직 구조 통합

양사 간 중복된 부서들은 통합되며, 효율성을 높이기 위한 조직 개편이 이루어진다.

합병 후의 조직 구조는 CEO, CFO, COO 등 주요 직책을 포함하여 재구성된다.

⑤ 합병 후 경영 전략

- 통합 후 운영 계획

합병 후 첫 100일 동안의 통합 계획을 수립하여 조직 통합, 시스템 통합, 시장 전략 조정 등을 수행한다.

합병 시너지를 극대화하기 위해 마케팅, 영업, 제품 개발 전략을 통합한다.

- 재무 전략

합병 후 자본 구조 최적화와 비용 절감을 위해 재무 재조정이 진행된다.

필요시 기존 부채의 재조정이나 신규 자금 조달 계획이 실행된다.

⑥ 규제 승인 및 법적 절차

- 규제 기관 승인

합병에 필요한 모든 규제 기관의 승인을 획득한다. 특히, 공정거래위원회의 반독점 규제를 준수하기 위한 절차가 포함된다.

- 법적 통합

합병 완료 후, 회사 B는 법적 실체로서 소멸되며, 법적 권리와 의무는 회사 A에 귀속된다.

필요시, 소송 및 법적 문제에 대한 대응 전략도 마련된다.

⑦ 주주 및 이해관계자 소통

- 주주 소통 계획

합병 과정에서 주주들의 이해를 구하고 동의를 얻기 위해 정기적인 설명회 및 서면 통보를 실시한다.

합병 조건 및 주식 교환 비율에 대한 주주 총회 결의를 통해 최종 승인을 받는다.

- 이해관계자 관리

직원, 고객, 공급업체 등 주요 이해관계자들에게 합병 계획과 기대 효과를 설명하고, 안정적인 관계 유지를 위한 전략을 수립한다.

이 샘플은 가상의 상황을 기반으로 작성된 것이며, 실제 합병 과정에서는 각 회사의 상황에 따라 맞춤형 설계가 필요하다. 합병 구조 설계는 법률, 재무, 전략적 측면을 모두 고려하여 신중하게 진행되어야 하며, 전문가의 조언을 받는 것이 중요하다.

(9)

　주식 교환 비율 및 합병 후 지분 구조는 M&A(인수합병) 거래에서 중요한 요소로, 주주들이 합병 후에 어느 정도의 지분을 가지게 될지 결정된다. 아래는 주식 교환 비율 및 지분 구조의 구체적인 사례(샘플)이다.

1) 주식 교환 비율 및 지분 구조 설계 샘플
① 기본 정보
- 합병 대상: 회사 A(존속 회사)와 회사 B(소멸 회사)
- 합병 전 지분 구조
  · 회사 A: 총 발행 주식 1,000,000주
  · 회사 B: 총 발행 주식 500,000주

② 주식 평가 및 교환 비율 산정
- 회사 A의 주식 평가
  · 회사 A의 주식 가치는 주당 100,000원으로 평가됨.
  · 전체 회사 A의 기업가치는 100,000원 x 1,000,000주 = 100,000,000,000원(천억 원).
- 회사 B의 주식 평가
  · 회사 B의 주식 가치는 주당 50,000원으로 평가됨.
  · 전체 회사 B의 기업가치는 50,000원 x 500,000주 = 25,000,000,000원(이백오십억 원).

- 주식 교환 비율 산정
  · 회사 A 주식 1주당 회사 B 주식 2주가 교환되는 비율로 설정됨 (즉, 1:2 비율).
  · 이 비율은 양사 주식의 평가 가치를 반영한 결과이다.

③ 합병 후 지분 구조
- 합병 전 주식 구조
  · 회사 A 주주: 1,000,000주 (100%)
  · 회사 B 주주: 500,000주 (100%)

- 주식 교환 후 회사 A의 지분 구조
  · 회사 A 주주: 1,000,000주 (60%)
  · 회사 B 주주: 회사 A 주식 1주당 회사 B 주식 2주를 교환하여 총 250,000주를 받게 됨.

- 합병 후 회사 A의 총 발행 주식: 1,000,000주 + 250,000주 = 1,250,000주
- 합병 후 지분 구조
  · 회사 A 주주: 1,000,000주 / 1,250,000주 = 80% (합병 후 지분)
  · 회사 B 주주: 250,000주 / 1,250,000주 = 20% (합병 후 지분)

④ 지분 구조 예시
- 회사 A 주주의 합병 전후 지분 변화:
  · 합병 전: 100%

· 합병 후: 80%

- 회사 B 주주의 합병 전후 지분 변화:
  · 합병 전: 100%
  · 합병 후: 20%

⑤ 예시
- 주식 교환 예시
  회사 B의 주주가 10,000주를 보유하고 있다면, 합병 후 회사 A의 주식 5,000주를 받게 된다.

- 합병 후 가치 평가
  회사 A의 주식 가치는 여전히 100,000원으로 평가되므로, 회사 B 주주는 5,000주 x 100,000원 = 500,000,000원(오억 원) 상당의 주식을 보유하게 된다.

이 예시는 단순한 시나리오로, 실제 주식 교환 비율과 지분 구조는 회사의 평가 방법, 합병 목적, 협상 과정 등에 따라 달라질 수 있다. 주식 교환 비율 산정 시 재무 전문가의 분석과 주주들의 이해와 동의를 구하는 과정이 중요하다.

(10)

기업의 가치를 산정하는 방법은 투자 유치 시 중요한 단계이다. 기업 가치를 산정하는 방법에는 여러 가지가 있으며, 그중 가장 일반적으로 사용되는 방법들은 다음과 같다.

- 비교 기업 분석(Comparable Company Analysis, CCA)
- 거래 사례 비교법(Precedent Transaction Analysis)
- 할인된 현금흐름 분석(Discounted Cash Flow Analysis, DCF)
- 자산 기반 가치 평가법(Asset-Based Valuation)

아래는 각 방법에 대한 설명과 사례이다.

1) 비교 기업 분석(Comparable Company Analysis, CCA)

① 설명

비교 기업 분석은 유사한 산업 내의 비슷한 기업들의 가치와 비교하여 기업 가치를 산정하는 방법이다. 주로 주가수익비율(P/E Ratio), 주가매출비율(P/S Ratio), EV/EBITDA(기업가치 대비 상각 전 영업이익) 등의 지표를 사용한다.

② 사례

비교 기업 A: P/E Ratio = 15배, 매출액 = 500억 원, 순이익 = 50억 원

비교 기업 B: P/E Ratio = 12배, 매출액 = 600억 원, 순이익 = 60억 원

대상 기업: 순이익 = 40억 원

대상 기업의 가치를 산정하기 위해 평균 P/E Ratio(13.5배)를 사용한다.
기업 가치: 40억 원 x 13.5 = 540억 원

2) 거래 사례 비교법(Precedent Transaction Analysis)

① 설명

과거 유사한 기업이 매각된 사례를 바탕으로 기업 가치를 평가하는 방법이다. 과거 거래의 EV/EBITDA, P/E Ratio 등을 기준으로 대상 기업의 가치를 추정한다.

② 사례

과거 거래 A: EV/EBITDA = 8배

과거 거래 B: EV/EBITDA = 9배

대상 기업의 EBITDA: 60억 원

③ 과거 거래의 평균 EV/EBITDA(8.5배)를 사용하여 대상 기업의 가치를 평가한다.

기업 가치: 60억 원 x 8.5 = 510억 원

3) 할인된 현금흐름 분석(Discounted Cash Flow Analysis, DCF)

① 설명

DCF는 미래의 예상 현금흐름을 할인율을 적용하여 현재 가치로 환산하는 방법이다. 일반적으로 자유 현금흐름(Free Cash Flow)을 바탕으로 산정한다.

② 사례
- 향후 5년간 예상 자유 현금흐름
  · 1년차: 10억 원
  · 2년차: 12억 원
  · 3년차: 15억 원
  · 4년차: 18억 원
  · 5년차: 20억 원
  · 할인율: 10%
  · 말기 가치(Terminal Value): 5년 이후 현금흐름의 가치 = 220억 원

각 연도의 현금흐름을 할인율로 현재 가치로 환산한 후 합산한다.

기업 가치: 10억/(1+0.1) + 12억/(1+0.1)^2 + … + 220억/(1+0.1)^5 ≈ 210억 원

4) 자산 기반 가치 평가법(Asset-Based Valuation)
① 설명
기업의 자산과 부채를 기준으로 순자산 가치를 평가하는 방법이다. 주로 재무제표상의 자산가치를 평가하여 산출한다.

② 사례

총 자산: 800억 원

총 부채: 300억 원

순자산 가치를 계산한다.

기업 가치: 800억 원 - 300억 원 = 500억 원

이와 같은 방법들을 통해 기업 가치를 산정하면, 투자자와의 협상에서 근거로 사용될 수 있다. 각 방법의 장단점이 있으므로, 여러 방법을 병행하여 기업 가치를 산정하고, 상황에 맞게 조정하는 것이 중요하다.

(11)

SPC(Special Purpose Company 또는 Special Purpose Vehicle)는 M&A(인수합병) 거래에서 특정 목적을 위해 설립되는 특수목적회사이다. 주로 특정 자산의 인수나 프로젝트의 자금 조달, 리스크 관리 등을 위해 사용된다. SPC는 독립적인 법인으로서 제한된 목적을 위해 설립되며, 주로 부채를 분리하거나 자산을 유동화 하는 데 사용된다.

다음은 M&A에서 SPC를 구성하는 방법에 대한 단계별 설명이다.

1) SPC 설립 목적 정의

① 목적 설정: SPC의 설립 목적을 명확히 정의한다. 예를 들어, 특정 자

산의 인수, 프로젝트 자금 조달, 부채의 분리 등 구체적인 목표를 설
정한다.

② 리스크 관리: SPC가 설립되는 목적이 리스크 관리라면, 어떤 리스크
를 회피하거나 관리할 것인지 명확히 정의한다.

2) 법적 구조 및 설립 형태 결정

① 법적 형태: SPC는 주식회사(법인) 형태로 설립되는 것이 일반적이다.
법적 형태를 결정할 때는 세금, 법적 책임, 규제 등의 요인을 고려해야
한다.

② 지배 구조: SPC의 지배 구조를 설계한다. 주주, 이사회, 임원 등 SPC
를 운영할 핵심 인력을 선정하고, 이들의 권한과 책임을 명확히 정의
한다.

3) 자본금 및 자본 구조 설정

① 초기 자본금: SPC의 초기 자본금을 결정한다. 자본금은 주로 SPC가
수행할 목적과 그 목적을 달성하는 데 필요한 자금 규모에 따라 결정
된다.

② 자본 조달: SPC의 자본 조달 방법을 결정한다. 예를 들어, 모회사나
투자자로부터의 출자, 은행 대출, 채권 발행 등이 있다.

4) SPC 설립 절차

① 법적 설립: SPC를 설립하기 위해 관련 법률에 따라 설립 절차를 진행
한다. 회사 설립 등기, 법인 등록, 정관 작성 및 공증, 법률 자문 등을

포함한다.

② 은행 계좌 개설: SPC 명의의 은행 계좌를 개설하여 자본금 입금 및 거래를 관리한다.

5) SPC의 운영 계획 수립

① 운영 계획: SPC의 운영 계획을 수립한다. 여기에는 자산의 인수, 관리 및 처분 계획, 현금 흐름 관리, 재무 보고 등의 내용이 포함된다.

② 재무 관리: SPC의 재무 관리 방안을 마련한다. 자산의 가치 평가, 부채 상환 계획, 수익 분배 방식 등을 명확히 한다.

6) 자산 및 부채의 분리

① 자산 인수: SPC는 인수 대상 자산(예: 부동산, 채권 등)을 인수한다. 이 과정에서 자산의 소유권이 SPC로 이전된다.

② 부채 분리: SPC는 특정 부채를 떠안아 이를 관리한다. 예를 들어, 모회사의 부채를 SPC로 이전하여 재무 리스크를 분리할 수 있다.

7) 계약 체결 및 법적 요건 충족

① 계약 체결: SPC 설립과 관련된 모든 계약(예: 자산 매매 계약, 대출 계약 등)을 체결한다.

② 규제 준수: SPC 운영에 필요한 모든 법적, 규제적 요구 사항을 충족한다. 예를 들어, 금융감독 당국의 승인이나 신고 절차가 필요할 수 있다.

8) SPC 운영 및 관리

① 일상 운영: SPC는 설립 목적에 따라 자산을 운영하고 관리한다. 이를 통해 투자 수익을 창출하거나 부채를 상환한다.

② 감사 및 보고: SPC의 재무 상황 및 운영 결과를 정기적으로 감사하고, 관련된 보고서를 작성하여 이해관계자에게 제공한다.

9) SPC의 종료

① 목적 달성: SPC가 설립된 목적이 달성되면, 자산을 처분하고 부채를 상환한 후 SPC를 청산할 수 있다.

② 청산 절차: 법적 절차에 따라 SPC를 청산하고, 남은 자산을 투자자나 모회사에 배분한다.

이와 같은 방법으로 SPC를 설립하고 운영할 수 있다. SPC는 특정 목적을 달성하기 위한 유용한 도구이지만, 법적, 재무적 리스크가 따르므로 설립 전 충분한 검토와 전문가의 자문이 필요하다.

(12)

M&A(인수합병) 거래 구조는 매우 다양하며, 각 사례에 따라 여러 시사점을 도출할 수 있다.

1) 주식매수 (Stock Purchase)

① 사례: 삼성전자 - 하만 인수 (2017년)

② 구조: 삼성전자가 하만(Harman)의 모든 주식을 매수하여 경영권을 인수한 전형적인 주식매수 거래 구조였다.

③ 시사점: 주식매수 방식은 법적 구조가 단순하고, 피인수 기업의 모든 자산과 부채를 그대로 승계하는 방식이다. 따라서, 법적 통합에 따른 시간이 덜 걸리며, 빠른 인수가 가능하다. 그러나 피인수 기업의 부채와 잠재적 법적 문제도 함께 인수하게 되는 리스크가 있다.

2) 자산매수 (Asset Purchase)

① 사례: 구글 - 모토로라 자산 인수 (2012년)

② 구조: 구글이 모토로라의 특허와 핵심 자산만을 인수한 구조로, 전체 회사가 아닌 특정 자산만을 선택적으로 인수한 방식이다.

③ 시사점: 자산매수는 인수 기업이 피인수 기업의 부채를 인수하지 않고, 필요한 자산만 취득할 수 있어 리스크 관리가 용이하다. 그러나 법적 및 세무 절차가 복잡할 수 있으며, 자산에 대한 가치평가가 정확히 이루어져야 한다.

3) 합병 (Merger)

① 사례: 디즈니 - 21세기 폭스 인수 (2019년)

② 구조: 디즈니가 21세기 폭스를 인수한 거래로, 두 회사가 합병하여 디즈니의 엔터테인먼트 비즈니스 영역을 강화했다.

③ 시사점: 합병은 두 회사가 결합하여 시너지 효과를 창출할 수 있는 구조이다. 특히 규모의 경제와 시장 점유율 확대가 중요한 목표로, 경쟁력을 강화할 수 있다. 하지만 조직 문화 차이로 인한 통합 과정

에서의 갈등과 비용이 발생할 수 있다.

4) 현금 및 주식 결합 인수 (Cash and Stock Deal)

① 사례: 페이스북 - 인스타그램 인수 (2012년)

② 구조: 페이스북이 인스타그램을 현금과 자사 주식을 결합한 형태로 인수하였다.

③ 시사점: 현금과 주식 결합 인수는 인수기업이 인수 자금을 분산하여 부담을 줄일 수 있다. 주식을 통해 피인수 기업 경영진의 이해관계 를 통합시킬 수 있는 장점이 있다. 하지만 주식 가치가 변동할 경우 리스크가 커질 수 있다.

5) 역합병 (Reverse Merger)

① 사례: 버진 갤럭틱 - Social Capital Hedosophia 합병 (2020년)

② 구조: 상장되지 않은 버진 갤럭틱이 SPAC(Social Capital Hedosophia) 와의 역합병을 통해 우회 상장을 하였다.

③ 시사점: 역합병은 상장 절차를 간소화할 수 있으며, 자금을 신속하게 조달할 수 있는 방법이다. 그러나 SPAC의 투자자와의 이해관계 조 정이 필요하고, 투명한 기업 정보 공개가 필수적이다.

6) 종합 시사점

① M&A 전략적 중요성: M&A는 기업의 성장과 확장을 위한 전략적 도 구로, 거래 구조에 따라 리스크와 기회가 상이하다. 인수 대상 회사의 특성과 산업 트렌드에 맞는 적절한 구조를 선택하는 것이 중요하다.

② 통합 관리의 중요성: 인수 후의 통합(PMI, Post-Merger Integration)
은 거래 성공의 핵심 요소이다. 조직 문화 통합, IT 시스템 통합, 인
력 관리 등 다양한 요소를 고려한 통합 계획이 필요하다.

③ 시장 및 규제 대응: 각국의 반독점 규제와 세법을 고려해야 하며, 특
히 글로벌 M&A의 경우 다국적 규제 이슈가 복잡할 수 있다.

(13)

전환사채(Convertible Bond, CB)는 채권의 형태로 발행되지만, 일정 조
건이 만족되면 발행 회사의 주식으로 전환할 수 있는 옵션이 있는 금융
상품이다. 이를 통해 투자자는 안정적인 이자 수익을 취하면서도, 회사
의 주가가 상승할 경우 주식으로 전환해 추가 수익을 얻을 수 있다. 이는
투자자와 발행 회사 모두에게 유리한 상황을 제공할 수 있어 자금 조달의
수단으로 자주 사용된다.

1) 전환사채의 특징

① 채권과 주식의 성격을 모두 가짐: CB는 채권으로서 정해진 이자를
지급하지만, 일정 조건 하에 주식으로 전환할 수 있어 주식으로서의
성격도 가진다.

② 전환권(Conversion Option): 투자자는 채권 만기 전에 일정 기간 동안
미리 정해진 전환가액으로 채권을 주식으로 전환할 수 있는 권리가
있다.

③ 보호 조건: 회사의 주가가 전환가액 이하로 하락할 경우 투자자는 채

권의 형태로 원금과 이자를 회수할 수 있어 상대적으로 안전한 투자 수단으로 여겨진다.

2) 전환사채의 사례

① 테슬라(Tesla Inc.)의 전환사채 발행 (2019년)

테슬라는 2019년에 약 16억 달러 규모의 전환사채를 발행했다. 당시 이 전환사채의 만기는 2024년이었고, 연 이자율은 2.0%였다. 주식으로 전환할 수 있는 가격은 주당 $309.83로 설정되었다. 테슬라의 주가는 이후 크게 상승했으며, 전환사채 투자자들은 이익을 보기 위해 채권을 주식으로 전환하게 되었다. 이는 회사가 낮은 이자율로 자금을 조달하고, 주가 상승 시 투자자들도 큰 이익을 볼 수 있는 좋은 예시이다.

② 카카오(Kakao)의 전환사채 발행 (2021년)

카카오는 2021년 7월 약 1조 원 규모의 전환사채를 발행했다. 카카오는 자회사 카카오뱅크, 카카오페이 등의 상장을 앞두고 신사업을 확장하는 데 자금을 사용하기 위해 CB를 발행했다. 투자자들은 향후 카카오의 성장 가능성을 보고 전환사채에 큰 관심을 보였으며, 주가가 상승할 경우 주식으로 전환하여 추가 이익을 기대할 수 있었다.

③ 넷플릭스(Netflix)의 전환사채 발행 (2019년)

넷플릭스는 2019년 약 20억 달러 규모의 전환사채를 발행하여 자금을 조달했다. 당시 넷플릭스는 신규 콘텐츠 제작과 글로벌 확장을 위해 막대한 자금이 필요했는데, 이 자금 조달 방식을 통해 적은 이자율로 자금을 확보했다. 넷플릭스의 전환사채 발행은 주식 가격의 상승 가능성에 베팅한 투자자들에게도 인기가 있었다.

3) 시사점

① 기업의 자금 조달 전략: CB는 비교적 낮은 이자율로 자금을 조달할 수 있는 수단이 된다. 특히, 기업의 성장 가능성이 크고, 주가 상승이 예상되는 경우 투자자들에게 매력적인 투자 기회가 될 수 있다.

② 투자자의 리스크 관리: 투자자는 전환사채를 통해 상대적으로 안정적인 채권의 특성을 누리면서도, 주가가 상승할 경우 주식 전환을 통해 높은 수익을 얻을 수 있는 기회를 가질 수 있다. 이는 일반적인 주식 투자보다 리스크가 낮고 수익 가능성은 큰 투자 전략이 된다.

③ 주가 상승에 따른 양측의 이익: 전환사채는 주가 상승 시 회사가 새로운 주식을 발행해도 추가 자금을 조달하지 않아도 되며, 주가가 하락하지 않는 한 추가적인 자금 부담도 피할 수 있다.

④ 주의할 점: CB 발행 시 주가 하락 리스크를 고려해야 한다. 만약 주가가 발행 당시 전환가액보다 낮아진다면, 투자자는 주식 전환 대신 채권의 원금과 이자를 요구할 수 있어 기업의 자금 부담이 커질 수 있다.

결론적으로, 전환사채는 기업과 투자자 모두에게 유리할 수 있는 자금 조달 및 투자 수단이지만, 각각의 경우에 따라 리스크와 수익성을 면밀히 분석하는 것이 중요하다.

(14)

신주인수권부사채(Bond with Warrants, BW)는 채권에 신주를 인수할 수 있는 권리(워런트, Warrant)가 부여된 금융 상품이다. 투자자는 채권의 이자 수익을 얻는 동시에, 주가가 상승할 경우 미리 정해진 가격에 신주를 인수할 수 있는 선택권을 가진다. 신주인수권부사채는 기업이 자본을 조달하면서도 기존 주주에 대한 지분 희석을 늦출 수 있는 유용한 수단으로 사용된다.

1) 신주인수권부사채의 특징

① 채권과 신주 인수권의 결합: BW는 두 가지 금융 상품이 결합된 형태로, 채권 부분은 만기 시까지 이자를 지급하며, 인수권은 일정한 가격에 신주를 매입할 수 있는 옵션을 제공한다.

② 분리 가능: 신주인수권부사채의 중요한 특징 중 하나는 보통 신주 인수권(워런트)과 채권이 분리되어 각각 독립적으로 거래가 가능하다는 점이다. 즉, 투자자는 채권을 보유하면서도, 인수권을 다른 투자자에게 판매할 수 있다.

③ 인수권 행사: 투자자는 회사 주가가 상승할 때 신주 인수권을 행사해 이익을 볼 수 있다. 반대로, 주가가 하락하면 인수권을 행사하지 않고 채권 이자 수익만 취할 수 있다.

2) 신주인수권부사채의 사례

① 삼성바이오로직스의 신주인수권부사채 발행 (2020년)

삼성바이오로직스는 2020년에 약 1조 원 규모의 신주인수권부사채를 발행했다. 이 자금을 통해 R&D(연구 개발) 및 시설 확충을 계획했다. 투자자들은 채권 보유를 통해 안정적인 이자를 얻는 한편, 신주 인수권을 통해 삼성바이오로직스의 성장 잠재력에 베팅할 수 있었다. 이는 빠르게 성장하는 바이오 산업에 대한 투자자들의 높은 관심을 반영했다.

② 카카오게임즈의 신주인수권부사채 발행 (2021년)

카카오게임즈는 2021년에 1,000억 원 규모의 신주인수권부사채를 발행했다. 카카오게임즈는 자금을 신규 게임 개발과 글로벌 사업 확장에 사용할 계획이었고, 이에 따라 투자자들은 카카오게임즈의 성장 가능성에 큰 기대를 걸었다. BW를 통해 자금을 조달하면서도 주식 희석 효과는 뒤로 미룰 수 있어 회사에는 이점이 있었다.

③ 현대자동차의 신주인수권부사채 발행 (2019년)

현대자동차는 2019년에 약 7억 달러 규모의 신주인수권부사채를 발행했다. 이 자금은 전기차 및 자율주행차 개발 등 미래 모빌리티 혁신을 위한 R&D 투자에 사용되었다. 현대차는 채권 발행을 통해 자금 조달을 하고, 주가 상승 시 주식을 인수할 권리를 부여하여 투자자들의 관심을 끌었다.

3) 시사점

① 기업의 자금 조달 유연성: BW는 기업이 주식 발행으로 인해 기존 주주의 지분이 희석되는 부담을 줄이면서도 필요한 자금을 조달할 수

있는 수단이다. 특히 신주 인수권은 주가 상승 시 추가 자본 조달이 가능하게 해 주기 때문에 기업에는 유리한 옵션이 될 수 있다.

②투자자의 수익 기회 확대: 투자자 입장에서는 안정적인 채권 이자 수익을 얻으면서도, 주가 상승 시 신주 인수권을 행사해 주식으로 전환하여 추가적인 수익을 얻을 수 있는 기회를 가질 수 있다. 이는 리스크를 분산하는 동시에 수익 기회를 높이는 전략적 투자 방법이다.

③주가 상승에 따른 양측의 이익: BW는 주가가 상승할 경우 투자자와 회사 모두에게 이익이 된다. 투자자는 저렴한 가격에 주식을 인수해 높은 수익을 얻을 수 있고, 회사는 주식 발행을 통해 추가 자본을 확보할 수 있다.

④주의할 점: BW 발행 시에도 주가 하락 리스크를 고려해야 한다. 만약 주가가 인수권 행사 가격 이하로 하락하면, 투자자들은 인수권을 행사하지 않을 것이고, 이는 기업이 계획한 추가 자본 조달이 이루어지지 않을 수 있다. 또한, 만기 시 채권 상환 부담이 발생할 수 있어 재무 리스크를 관리해야 한다.

결론적으로, 신주인수권부사채는 기업과 투자자 모두에게 매력적인 자금 조달 및 투자 수단이 될 수 있지만, 시장 상황과 주가 변동성을 면밀히 분석하고 전략적으로 접근하는 것이 중요하다.

(15)

상환전환우선주(Redeemable Convertible Preferred Stock, RCPS)는 주

식의 형태이지만 채권과 같은 성격도 가지고 있는 복합 금융 상품이다. RCPS는 투자자가 발행 회사에 상환을 요구할 수 있는 권리와 일정 조건에 따라 보통주로 전환할 수 있는 옵션을 모두 제공한다. 이 금융 상품은 주식과 채권의 장점을 결합하여, 기업과 투자자 모두에게 다양한 이점을 제공할 수 있다.

1) 상환전환우선주의 특징

① 상환권(Redeemable Right): 투자자는 일정 기간 후 발행 회사에 주식을 상환(환매)하도록 요구할 수 있다. 이는 채권의 만기 상환과 유사하며, 투자자는 안정적인 회수 가능성을 가진다.

② 전환권(Convertible Right): RCPS는 일정 조건(예: 회사의 주가가 일정 수준 이상으로 상승 등)이 충족되면 우선주를 보통주로 전환할 수 있는 옵션을 제공한다. 이는 주가 상승 시 추가 수익을 얻을 수 있는 기회를 제공한다.

③ 우선적 배당권: RCPS는 보통주보다 우선적으로 배당금을 받을 권리가 있으며, 회사가 청산될 경우에도 우선적으로 자산을 배분받을 수 있다.

④ 이익과 리스크의 조화: RCPS는 주식과 채권의 특성을 동시에 지니고 있어 투자자는 상대적으로 낮은 리스크와 적당한 수익을 기대할 수 있다.

2) 상환전환우선주의 사례

① 쿠팡의 상환전환우선주 발행 (2018년)

한국의 전자상거래 회사인 쿠팡(Coupang)은 2018년에 약 20억 달러 규모의 상환전환우선주를 발행했다. 이 자금은 미국 소프트뱅크 비전펀드로부터 유치한 것이었고, 쿠팡은 이 자금을 물류센터 확장, 기술 투자, 고객 서비스 강화 등에 사용했다. 소프트뱅크는 쿠팡의 성장 가능성에 투자하면서도, RCPS를 통해 자금 회수와 전환에 대한 선택권을 가지게 되었다.

② 에어비앤비(Airbnb)의 상환전환우선주 발행 (2020년)

에어비앤비는 COVID-19 팬데믹 기간 동안 유동성 확보를 위해 10억 달러 규모의 상환전환우선주를 발행했다. RCPS 발행을 통해 회사는 낮은 리스크로 자금을 조달할 수 있었고, 투자자들은 에어비앤비의 IPO(상장) 이후 주가 상승에 따른 수익을 기대할 수 있었다. 상장 이후 주가가 상승하면서 투자자들은 높은 수익을 거둘 수 있었다.

③ 우버(Uber)의 상환전환우선주 발행 (2016년)

우버(Uber)는 2016년 사우디아라비아 공공투자기금(PIF)으로부터 35억 달러의 투자금을 상환전환우선주 형태로 유치했다. 우버는 이 자금을 글로벌 시장 확장과 자율주행 기술 개발 등에 사용했으며, 투자자들은 주가 상승에 따라 RCPS를 보통주로 전환해 수익을 실현할 수 있는 옵션을 가졌다.

3) 시사점

① 기업의 유연한 자금 조달 수단: RCPS는 기업이 고정된 이자 부담 없이 자금을 조달할 수 있는 수단으로, 주가 상승 시 추가 자본 조달도

가능하게 한다. 이는 기업이 빠르게 성장하거나 유동성 확보가 필요한 상황에서 유용하게 사용할 수 있다.

② 투자자에게 유리한 조건 제공: RCPS는 투자자에게 주식과 채권의 특성을 결합한 안정성과 수익성을 제공한다. 주가 상승 시 전환권을 행사해 추가 수익을 얻을 수 있으며, 하락 시에는 상환권을 행사해 원금 회수와 이자 수익을 보호할 수 있다.

③ 기업과 투자자 간 이해관계의 균형: RCPS는 기업과 투자자 간의 이해관계를 조율하는 데 효과적이다. 회사는 자금 조달을 위한 유연성을 확보하면서도 기존 주주의 지분 희석을 늦출 수 있고, 투자자들은 다양한 시나리오에 대응할 수 있는 옵션을 가진다.

④ 주의할 점: RCPS는 발행 회사에 일정한 재무적 부담을 줄 수 있다. 주가 하락 시 투자자들이 대거 상환을 요구할 경우 재무 부담이 커질 수 있으며, 주식으로 전환될 경우 기존 주주의 지분 희석 문제가 발생할 수 있다.

결론적으로, 상환전환우선주는 기업과 투자자 모두에게 유리할 수 있는 복합 금융 상품이지만, 발행 시점과 시장 상황에 따라 그 리스크와 이점을 신중하게 평가해야 한다.

(16)

콜옵션(Call Option)은 옵션 계약의 한 종류로, 특정 자산을 미리 정해진 가격(행사가격, Strike Price)에 일정 기간 내에 매수할 수 있는 권리를 부여하는 금융 상품이다. 콜옵션을 보유한 사람은 해당 자산의 가격이 상승할 경우 이익을 얻을 수 있으며, 하락할 경우 옵션 행사 대신 옵션 가격(프리미엄)만 손실로 인정할 수 있다.

콜옵션은 주식, 채권, 상품, 통화 등 다양한 자산에 대해 발행될 수 있으며, 특히 주식 시장에서 많이 거래된다. 투자자들은 콜옵션을 통해 리스크를 제한하면서 잠재적 수익을 극대화할 수 있는 기회를 얻는다.

1) 콜옵션의 특징

① 매수 권리: 콜옵션은 보유자에게 기초 자산을 특정 가격에 살 수 있는 권리를 주지만, 그럴 의무는 없다. 따라서 자산 가격이 행사가격보다 높아질 경우 옵션을 행사하고, 그렇지 않으면 포기한다.

② 프리미엄(Premium): 콜옵션을 매수하려면 프리미엄이라 불리는 옵션 가격을 지불해야 한다. 이는 옵션 보유자가 지불하는 대가로, 기초 자산 가격이 행사가격을 초과하지 않으면 프리미엄만 손실로 인정한다.

③ 레버리지 효과: 소액의 투자로 기초 자산의 가격 변동에 대해 높은 수익을 기대할 수 있는 레버리지 효과가 있다. 이는 주식 자체를 매수하는 것보다 더 큰 잠재적 수익을 제공한다.

④ 만기일(Expiration Date): 콜옵션에는 행사가 가능한 기간이 정해져 있다. 만기일이 가까워질수록 옵션의 가치는 시간적 가치(TIME VALUE)의 감소로 인해 줄어들 수 있다.

2) 콜옵션의 사례

① 애플(Apple) 콜옵션 투자 사례

2020년, 애플의 주가가 상승할 것이라 예측한 한 투자자는 애플 주식에 대한 콜옵션을 매수했다. 행사가격은 $100, 만기일은 3개월 후로 설정되었다. 애플의 주가가 3개월 내에 $130로 상승했을 때, 투자자는 옵션을 행사해 애플 주식을 $100에 매수하고 즉시 $130에 시장에서 판매함으로써 주당 $30의 차익을 얻었다. 만약 애플의 주가가 하락했더라도, 투자자는 프리미엄만 손실로 인정하면 된다.

② 테슬라(Tesla) 콜옵션 헤지 사례

2021년, 테슬라의 주가 변동성이 높아질 것으로 예상된 시점에, 많은 기관 투자자들이 테슬라 주식을 매수하면서 동시에 콜옵션을 매수하는 전략을 취했다. 이는 주가 상승에 따른 추가 수익을 기대하는 동시에 옵션을 통해 리스크를 제한하는 전략이었다. 주가가 폭등할 경우 콜옵션으로 큰 수익을 얻고, 하락할 경우 주식 매도로 손실을 제한할 수 있다.

③ 인덱스 옵션의 콜옵션 사용 사례

S&P 500 인덱스에 대한 콜옵션은 투자자들이 인덱스가 상승할 경우에 대비하여 매수한다. 예를 들어, 미국 대선이나 주요 경제 지표 발표 전후와 같은 이벤트 드리븐 전략에서 콜옵션을 사용해 시장의 상승 가능성에 투자하는 방식이다.

3) 시사점

① 리스크 관리 도구: 콜옵션은 잠재적인 손실을 제한하면서도 주식 등 기초 자산의 상승 가능성에 대해 높은 수익을 기대할 수 있는 전략적 도구이다. 특히, 자산 가격이 급격하게 상승할 것으로 예상되는 시장 환경에서는 리스크 관리 및 수익 극대화 수단으로 적합하다.

② 헤지(위험 회피) 수단: 기관 투자자들은 포트폴리오에 포함된 자산의 상승 리스크를 헤지하기 위해 콜옵션을 사용할 수 있다. 예를 들어, 주식을 보유한 투자자는 콜옵션을 매수하여 자산 가격 상승 시 추가 수익을 얻으면서도 하락 리스크를 관리할 수 있다.

③ 투기적 거래 수단: 콜옵션은 레버리지 효과로 인해 상대적으로 적은 자본으로 높은 수익을 기대할 수 있어, 단기적 가격 변동을 예상하는 투기적 거래에도 사용된다. 하지만, 기초 자산의 가격이 예상과 반대 방향으로 움직일 경우 프리미엄 전액 손실이 발생할 수 있어 신중한 접근이 필요하다.

④ 전문 지식 필요성: 콜옵션은 다양한 금융 전략의 일환으로 활용될 수 있지만, 그만큼 투자자에게 전문적인 지식과 경험이 요구된다. 옵션의 가격 결정 요소인 기초 자산의 가격 변동성, 시간가치 감소, 금리 변동 등을 종합적으로 고려해야 한다.

결론적으로, 콜옵션은 자산의 상승 가능성에 베팅하면서도 리스크를 제한할 수 있는 강력한 투자 수단이다. 그러나 적절한 지식과 전략적 접근이 없으면 높은 리스크를 동반할 수 있어, 투자 전 충분한 분석과 계획이 필요하다.

(17)

풋옵션(Put Option)은 옵션 계약의 한 종류로, 특정 자산을 미리 정해진 가격(행사가격, Strike Price)에 일정 기간 내에 매도할 수 있는 권리를 부여하는 금융 상품이다. 풋옵션을 보유한 사람은 해당 자산의 가격이 하락할 경우 이익을 얻을 수 있으며, 자산의 가격이 상승할 경우 옵션 행사 대신 옵션 가격(프리미엄)만 손실로 인정할 수 있다.

풋옵션은 주식, 채권, 상품, 통화 등 다양한 자산에 대해 발행될 수 있으며, 특히 주식 시장에서 많이 거래된다. 투자자들은 풋옵션을 통해 자산 가격 하락에 대비하거나 리스크를 헤지하는 데 사용한다.

1) 풋옵션의 특징

① 매도 권리: 풋옵션은 보유자에게 기초 자산을 특정 가격에 팔 수 있는 권리를 주지만, 그럴 의무는 없다. 따라서 자산 가격이 행사가격보다 낮아질 경우 옵션을 행사하고, 그렇지 않으면 포기한다.

② 프리미엄(Premium): 풋옵션을 매수하려면 프리미엄이라 불리는 옵션 가격을 지불해야 한다. 이는 옵션 보유자가 지불하는 대가로, 기초 자산 가격이 행사가격을 초과하면 프리미엄만 손실로 인정한다.

③ 레버리지 효과: 소액의 투자로 기초 자산의 가격 변동에 대해 높은 수익을 기대할 수 있는 레버리지 효과가 있다. 이는 주식 자체를 매도하는 것보다 더 큰 잠재적 수익을 제공한다.

④ 만기일(Expiration Date): 풋옵션에는 행사가 가능한 기간이 정해

져 있다. 만기일이 가까워질수록 옵션의 가치는 시간적 가치(TIME VALUE)의 감소로 인해 줄어들 수 있다.

2) 풋옵션의 사례

① 2008년 금융 위기 당시의 풋옵션 활용 사례

2008년 글로벌 금융 위기 당시, 많은 투자자들이 주식 시장의 하락을 예상하고 S&P 500 지수에 대한 풋옵션을 매수했다. S&P 500 지수는 금융 위기로 인해 급격히 하락했으며, 풋옵션을 보유한 투자자들은 기초 자산을 낮은 가격에 매도함으로써 막대한 수익을 거둘 수 있었다. 이는 시장 하락에 대비한 헤지 전략의 대표적인 사례이다.

② 개별 주식에 대한 풋옵션 투자 사례 - 테슬라(Tesla) 주식

2022년, 테슬라의 주가가 급등한 이후, 많은 투자자들은 테슬라 주식이 과대평가되었다고 생각했다. 이들은 주가가 조정될 것을 예상하고 테슬라 주식에 대한 풋옵션을 매수했다. 실제로 테슬라 주가가 하락하자, 풋옵션 매수자들은 높은 행사가격으로 테슬라 주식을 매도해 상당한 수익을 얻었다.

③ 상장지수펀드(ETF) 풋옵션 활용 사례

2020년 COVID-19 팬데믹 초기, 투자자들은 주식 시장의 불확실성에 대비해 S&P 500 ETF(SPY) 풋옵션을 매수했다. 이 풋옵션은 시장 전반의 하락 리스크에 대비한 것으로, 주가 하락 시 큰 수익을 얻을 수 있는 방어적 투자 전략이었다. 팬데믹으로 인해 시장이 급락하자, 풋옵션 투자자들

은 상당한 수익을 거둘 수 있었다.

3) 시사점

① 리스크 관리 및 헤지 수단: 풋옵션은 자산 가격 하락에 대비해 포트폴
리오의 리스크를 관리하는 데 유용한 도구이다. 특히, 보유한 주식의
가치 하락에 따른 손실을 헤지하기 위해 많이 사용된다. 예를 들어,
주식을 보유한 투자자는 주가 하락 리스크에 대비해 풋옵션을 매수할
수 있다.

② 방어적 투자 전략: 풋옵션은 주식 시장이 급락하거나 특정 자산의 가
치가 하락할 것으로 예상될 때 방어적 투자 전략으로 활용된다. 시
장의 불확실성이나 변동성이 높을 때, 풋옵션을 통해 하락 리스크에
대비할 수 있다.

③ 투기적 거래 수단: 풋옵션은 레버리지 효과로 인해 상대적으로 적은
자본으로 높은 수익을 기대할 수 있어, 단기적 가격 변동을 예상하는
투기적 거래에도 사용된다. 그러나 자산의 가격이 예상과 반대로 움
직일 경우, 프리미엄 전액이 손실로 처리될 수 있어 신중한 접근이
필요하다.

④ 시간 가치 감소(Time Decay): 풋옵션의 가격은 시간의 흐름에 따라
가치가 감소할 수 있다. 이는 만기일이 가까워질수록 옵션의 가치는
줄어들게 되는 시간적 가치의 감소로, 풋옵션을 활용하는 투자자들
은 이 부분을 고려한 전략적 접근이 필요하다.

결론적으로, 풋옵션은 자산의 하락 가능성에 대비하면서도 리스크를

제한할 수 있는 강력한 투자 수단이다. 그러나 적절한 지식과 전략적 접근이 없으면 높은 리스크를 동반할 수 있어, 투자 전 충분한 분석과 계획이 필요하다.

(18)

엔젤투자(Angel Investment)와 시리즈 A, B, C, D 투자는 기업의 성장 단계에 따라 다른 성격을 지니는 자금 조달 방식이다. 각 투자 단계는 스타트업의 성장 단계에 맞춰 자본을 공급하며, 투자자의 기대 수익, 리스크 수준, 기업의 자본 사용 목적 등에서 차이가 있다. 이러한 투자 단계들은 스타트업이 초기 아이디어에서부터 성숙한 기업으로 발전하는 데 필수적인 역할을 한다.

1) 엔젤투자(Angel Investment)

엔젤투자는 창업 초기 단계의 스타트업에 개인 투자자(엔젤 투자자)가 자금을 제공하는 투자 형태이다. 엔젤투자는 스타트업이 정식으로 벤처 캐피털이나 기관투자로부터 자금을 조달하기 전, 시드 단계 또는 그 이전에 이루어진다. 엔젤 투자자는 보통 기업의 지분을 받고, 자금뿐만 아니라 멘토링, 네트워킹 등 다양한 지원을 제공할 수 있다.

① 목적: 사업 아이디어 검증, 제품 개발, 초기 시장 진입.
② 투자자: 개인 투자자, 고액 자산가, 초기 스타트업에 관심이 많은 전문가.

③ 리스크와 수익: 리스크가 매우 높지만, 성공 시 투자 수익도 매우 큼.

④ 사례: 우버(Uber): 우버는 초기 창업 단계에서 엔젤 투자자로부터 약 20만 달러를 투자받아 서비스 개념을 검증하고 초기 제품을 개발할 수 있었다. 이후, 회사가 빠르게 성장하며 추가 투자 라운드를 진행하게 되었다.

⑤ 시사점

- 고위험, 고수익: 엔젤투자는 실패할 가능성이 높지만, 성공할 경우 큰 수익을 올릴 수 있는 고위험, 고수익의 투자 형태이다.

- 지식과 네트워크의 활용: 엔젤 투자자는 자금뿐만 아니라, 사업 경험과 네트워크를 통해 스타트업의 성장을 지원할 수 있다.

2) 시리즈 A 투자

시리즈 A 투자는 스타트업이 제품이나 서비스의 시장 적합성(Product-Market Fit)을 입증한 후, 사업 모델을 확립하고 초기 성장을 촉진하기 위해 자금을 조달하는 단계이다. 이 단계에서는 보통 벤처 캐피털(VC)로부터 자금을 유치하며, 사업의 확장성과 수익화 가능성을 강조한다.

① 목적: 팀 확장, 제품 개선, 초기 시장 확장.

② 투자자: 벤처 캐피털(VC), 일부 엔젤 투자자, 초기 펀드.

③ 리스크와 수익: 여전히 리스크가 높지만, 초기 검증을 거쳐 안정성이 조금 더 높아짐.

④ 사례: 에어비앤비(Airbnb): 에어비앤비는 2009년 세쿼이아 캐피털로부터 720만 달러의 시리즈 A 투자를 유치했다. 이 자금을 통해 플

랫폼을 개선하고, 시장 점유율을 높이며, 글로벌 시장으로 확장할 수 있었다.

⑤ 시사점

- 명확한 비전과 계획 필요: 시리즈 A 단계에서는 기업이 시장에 확고한 발판을 마련하고 있다는 것을 증명해야 한다.

- 팀과 제품의 중요성: 투자자들은 창업자의 역량과 팀의 조화를 중시하며, 제품의 발전 가능성도 중요하게 평가한다.

3) 시리즈 B 투자

시리즈 B 투자는 스타트업이 확장과 스케일업에 집중하는 단계이다. 이미 시장에 성공적으로 진입한 상태에서 더욱 폭넓은 시장 확장, 고객층 확대, 매출 성장을 위해 자금을 조달한다. 이 단계에서는 고객 확보, 영업, 마케팅, 제품 라인 확장 등을 목표로 한다.

① 목적: 시장 점유율 확대, 조직 확장, 운영 효율성 증대.

② 투자자: 기존 벤처 캐피털, 그로스 펀드, 사모펀드.

③ 리스크와 수익: 사업 모델이 어느 정도 확립된 상태라, 리스크는 줄어들지만 여전히 성장 가능성에 대한 높은 기대를 가짐.

④ 사례: 슬랙(Slack): 슬랙은 2015년에 시리즈 B 라운드에서 약 1억 2,000만 달러를 조달하여, 빠른 성장과 확장을 이루었다. 이 자금을 통해 글로벌 시장으로 확장하고, 고객 지원 및 마케팅 팀을 강화할 수 있었다.

⑤ 시사점

- 스케일업 전략의 중요성: 시리즈 B는 시장에서의 경쟁력을 강화하고 확장을 위해 조직을 구축하는 데 중점을 둔다.
- 성장 지표와 수익성: 투자자들은 매출 성장, 고객 유지율, 단위 경제성 (Unit Economics) 등 구체적인 성장 지표를 평가한다.

4) 시리즈 C 투자

시리즈 C 투자는 스타트업이 성숙 단계로 접어들며, 이미 확립된 사업 모델과 시장 내 강력한 입지를 바탕으로 더 큰 확장, 인수합병(M&A), 새로운 시장 진입을 위해 자금을 조달하는 단계이다. 기업의 상장(IPO) 준비가 가시화되는 시기이기도 하다.

① 목적: 신시장 진출, 인수합병, 글로벌 확장, IPO 준비.
② 투자자: 대형 벤처 캐피털, 사모펀드, 헤지 펀드, 전략적 투자자.
③ 리스크와 수익: 회사가 안정적 성장기에 접어들면서 리스크는 더 줄어들고, 수익은 상대적으로 안정적이다.
④ 사례: 스페이스X(SpaceX): 2020년 스페이스X는 시리즈 C 라운드에서 5억 1,600만 달러를 유치하여, 상업용 우주 사업 확장과 Starlink 프로젝트를 위한 자금을 마련했다.
⑤ 시사점
- 글로벌 확장과 전략적 목표: 시리즈 C 단계에서는 전략적 목표를 설정하고, 이를 달성하기 위해 대규모 자금이 투입된다.
- 투자자 다양화: 다양한 투자자들이 참여하여 리스크를 분산시키며, 회사의 가치를 높이는 데 집중한다.

5) 시리즈 D 투자

시리즈 D 투자는 최종 성장 단계에 접어든 기업이 추가적인 확장을 위해 자금을 조달하거나, 특정 목표(예: 상장 전 자본 확충, 유동성 확보 등)를 위해 자금을 유치하는 단계이다. 때로는 사업 성장이 기대에 미치지 못해 '다운 라운드(가치 하락 라운드)'를 진행할 때도 있다.

① 목적: 마무리 확장, 유동성 확보, 재무적 안정성 강화.
② 투자자: 기존 투자자, 사모펀드, 신규 전략적 파트너.
③ 리스크와 수익: 회사의 상태에 따라 다르지만, 일반적으로 투자 위험은 더 낮다.
④ 사례: 로빈후드(Robinhood): 로빈후드는 시리즈 D 라운드에서 3억 2,000만 달러를 유치하여, 플랫폼 확장과 새로운 기능 개발에 투자했다. 이는 상장 준비와 함께 시장에서의 경쟁력을 높이는 데 사용되었다.
⑤ 시사점
- 최종 준비 단계: 시리즈 D 투자 단계는 기업의 성숙도를 더욱 높여, IPO나 매각 등을 통한 최종 성과를 목표로 한다.
- 지속 가능한 성장을 위한 노력: 이 단계에서는 지속 가능한 성장을 위해 내부 프로세스와 재무 건전성을 강화하는 것이 중요하다.

6) 결론

엔젤투자와 시리즈 A, B, C, D 투자는 기업의 성장 단계에 따라 자금을 유치하고 전략적 목표를 달성하기 위해 필요하다. 각 단계마다 투자자와 기업 모두가 고려해야 할 요소들이 다르며, 투자에 따른 리스크와 기대 수익도 크게 달라진다. 스타트업의 성공적인 성장을 위해서는 각 단계에서 적절한 투자자와 파트너를 선택하고, 명확한 비전과 목표를 설정하는 것이 중요하다.

● 엔젤 투자 및 시리즈 A, B, C, D 단계의 자금 조달 방식 도표

투자 단계	기업 성장 단계	투자 목적	리스크	기대 수익	자본 사용 목적
엔젤 투자	초기 아이디어, 프로토타입 개발	초기 운영 자금, 시장 조사	매우 높음	매우 높음	아이디어 실현, 초기 개발
시리즈 A	제품 초기 출시, 고객 확보 시작	초기 운영 자금, 시장 조사	매우 높음	매우 높음	아이디어 실현, 초기 개발
시리즈 B	시장 확장, 제품 개선	시장 확대, 매출 증대, 인프라 확장	중간 수준	중간 수준	성장 가속화, 운영 효율성 향상
시리즈 C	시장 선두 확보, 국제 확장	국제 시장 진출, 대규모 인수합병	낮음	중간	글로벌 확장, 인수합병
시리즈 D	성숙한 기업, IPO 준비	기업 공개 (IPO) 전 마지막 자금 조달	매우 낮음	안정적	대규모 확장, 안정화 및 IPO 준비

(19)

물적분할과 인적분할은 기업의 사업 재편 및 구조조정 전략에서 자주 사용되는 방식으로, 회사의 특정 사업부문을 별도 법인으로 분리하는 것

을 의미한다. 두 방식은 분할 후 새로 설립된 회사의 소유 구조와 분할 목적에 따라 다르며, 각각 고유한 특징과 시사점을 가지고 있다.

1) 물적분할(Physical Spin-off)

물적분할은 회사가 특정 사업부문을 분리하여 새로운 자회사를 설립하고, 분리된 사업부문을 기존 모회사가 100% 소유하는 형태를 말한다. 즉, 분할된 자회사의 지분은 기존 주주가 아닌 모회사가 소유하게 된다. 이 방식은 회사가 사업부문을 독립적인 법인으로 운영하면서도 자산과 의사결정 권한을 유지할 수 있는 장점이 있다.

① 특징
- 분할된 자회사는 기존 모회사의 자회사로 존재하게 되며, 모회사가 지분을 100% 소유.
- 분할된 자회사는 독립적인 경영을 하지만, 모회사가 지배구조를 유지.
- 보통 재무적 위험 관리, 사업부문별 집중력 강화, 효율적 운영을 목적으로 활용됨.

② 사례
- 삼성물산의 삼성바이오로직스 물적분할: 삼성물산은 바이오 사업의 성장 가능성을 높이기 위해 바이오로직스 부문을 물적분할하여 자회사로 설립했다. 이를 통해 바이오 사업의 집중적인 투자가 가능해졌고, 기존 사업과 독립적으로 운영되면서도 모회사의 지배하에 놓이게 되었다.

- LG화학의 LG에너지솔루션 물적분할: LG화학은 배터리 사업부문을 물적분할하여 LG에너지솔루션을 자회사로 설립했다. 이는 전지사업의 글로벌 경쟁력을 강화하고, 자금조달의 효율성을 높이기 위한 전략적 선택이었다.

③ 시사점
- 사업부문별 경쟁력 강화: 각 사업부문이 독립적으로 운영되면서 보다 명확한 경영 전략을 수립하고 경쟁력을 강화할 수 있다.
- 모회사와의 시너지: 모회사와 자회사가 긴밀한 협력 관계를 유지하면서도 각자의 시장 전략을 펼칠 수 있는 기회를 제공한다.
- 주주 가치 논란: 기존 주주들이 분할된 자회사의 지분을 직접 소유하지 않기 때문에, 주주들 사이에서 지분가치 희석에 대한 불만이 생길 수 있다.

2) 인적분할(Entity Spin-off)
인적분할은 기존 회사의 특정 사업부문을 분리하여 독립적인 회사를 설립하고, 분할된 회사의 지분을 기존 주주들에게 분배하는 방식이다. 이 경우, 기존 주주들은 분할된 신설 회사와 기존 회사의 지분을 모두 보유하게 된다. 이는 기존 주주들의 권리를 보호하며, 기업 가치 제고를 목적으로 이루어진다.

① 특징
- 기존 회사와 분할된 신설 회사의 주식을 기존 주주들이 모두 소유.

- 분할 후 독립적인 법인으로 운영되며, 기존 회사와의 지배 관계가 해소됨.
- 일반적으로 사업부문별 독립적 운영, 경영 투명성 제고, 주주가치 극대화를 목적으로 시행.

② 사례
- 두산중공업의 두산퓨얼셀 인적분할: 두산중공업은 수소 연료전지 사업부문을 분리하여 두산퓨얼셀을 독립적인 회사로 인적분할했다. 이를 통해 신사업 부문에 대한 집중적 육성이 가능해졌고, 주주들에게도 두 회사의 가치를 모두 보유할 기회를 제공했다.
- SK이노베이션의 SK아이이테크놀로지 인적분할: SK이노베이션은 배터리 소재 사업부문을 인적분할하여 SK아이이테크놀로지를 독립법인으로 설립했다. 이로 인해 SK이노베이션 주주들은 SK아이이테크놀로지의 주식을 보유하게 되었고, 독립적 성장을 위한 길을 마련했다.

③ 시사점
- 주주 권리 보호: 인적분할은 기존 주주들이 새로 설립된 회사의 지분을 받을 수 있어, 주주들의 가치를 보존하고 지분 희석 우려를 줄인다.
- 경영 효율성과 투명성 제고: 각 사업부문이 독립적으로 운영되면서 사업부문별로 보다 효율적이고 투명한 경영이 가능하다.
- 시장 가치 반영: 각 사업부문이 독립적으로 상장되면 각자의 시장 가치를 반영한 평가가 가능해져, 기업 전체의 가치가 상승할 가능성이 있다.

3) 결론 및 비교

① 목적 차이: 물적분할은 모회사가 자회사를 지배하면서 사업부문별 효율적 운영과 리스크 관리를 목적으로 하는 반면, 인적분할은 기존 주주들의 권리를 보호하고, 사업부문별 독립 경영과 가치 제고를 목표로 한다.

② 주주 관점: 물적분할의 경우 기존 주주들이 자회사의 지분을 직접 보유하지 않으므로 지분 희석과 주가 하락 우려가 있을 수 있다. 반면, 인적분할은 기존 주주들이 분할된 회사의 지분을 보유하게 되어 주주가치 보존 측면에서 더 긍정적이다.

③ 경영 전략: 물적분할은 회사 내부의 경영자원이 보다 효율적으로 배분되며, 모회사가 자회사 운영에 관여할 수 있는 장점이 있다. 인적분할은 분할된 사업부문이 독립적으로 성장하고 발전할 수 있는 경영의 자율성을 제공한다.

결론적으로, 물적분할과 인적분할은 각각의 목적과 상황에 따라 선택될 수 있는 전략적 도구이다. 기업의 성장 단계, 주주 구조, 시장 환경, 경영 목표 등을 종합적으로 고려하여 최적의 분할 방식을 선택하는 것이 중요하다.

(20)

백기사(White Knight)는 적대적 M&A에서 공격을 받고 있는 기업(피인수 기업)이 우호적인 기업에 도움을 요청하여 인수를 방어하는 전략이다.

피인수 기업이 원하지 않는 적대적 인수로부터 경영권을 방어하기 위해 우호적인 인수자를 찾는 방식이다. 이 전략은 피인수 기업에 유리한 조건을 제시할 수 있는 기업과의 합의를 통해 이루어진다.

1) 사례: 카프리온의 방어를 위한 소프트뱅크의 백기사 역할

① 사례: ARM - 소프트뱅크 인수 (2016년)

② 배경: 2016년, 일본의 소프트뱅크는 영국의 반도체 설계 회사인 ARM Holdings를 약 320억 달러에 인수했다. 당시 ARM은 반도체 산업의 중요한 회사로서 여러 기업으로부터 인수 대상이 되었지만, 적대적 인수 시도가 있을 가능성이 높았다.

③ 구조: 소프트뱅크는 우호적인 제안을 통해 ARM의 경영권을 보호하고, ARM은 독립적인 기업 운영을 계속할 수 있었다.

④ 시사점: 이 사례는 피인수 기업이 장기적인 성장을 위해 적대적 인수보다는 우호적인 인수자를 찾는 것이 더 나은 선택일 수 있음을 보여준다. 또한, 백기사로 나선 기업은 피인수 기업과의 시너지 효과를 기대할 수 있으며, 우호적인 인수는 통합 과정을 더 원활하게 진행할 수 있다.

2) 사례: 델의 EMC 인수에서의 우호적 합의

① 사례: 델(EMC 인수 - 2015년)

② 배경: 델은 2015년 IT 솔루션 및 스토리지 회사인 EMC를 인수하였다. 이 거래는 IT 역사상 가장 큰 M&A 중 하나로, 약 670억 달러에 성사되었다. 당시 EMC는 적대적 인수 시도의 대상이 될 수 있었으

나, 델이 우호적인 백기사로 등장하며 합병을 주도했다.

③ 구조: 델은 적대적인 경쟁 없이 EMC와의 우호적 합의를 통해 인수를 성사시켰다.

④ 시사점: 델의 EMC 인수는 백기사 전략이 효과적으로 사용될 경우, 기업 간 협력으로 시너지를 극대화할 수 있다는 점을 보여 준다. 또한 우호적인 백기사는 피인수 기업의 가치를 유지하거나 상승시키는 동시에, 불필요한 법적 분쟁이나 경영권 다툼을 피할 수 있다.

3) 사례: AOL - 타임워너 합병에서의 백기사

① 사례: AOL - 타임워너 합병 (2000년)

② 배경: 2000년 AOL은 타임워너를 약 1640억 달러에 인수하면서 합병했다. 당시 타임워너는 적대적 인수 시도를 받을 수 있는 상황에서 우호적인 백기사로 AOL을 선택하여 합병을 결정했다.

③ 구조: AOL과 타임워너는 합병을 통해 미디어와 통신 업계에서의 강력한 시너지를 기대했다. 두 회사는 협력적 관계를 유지하며 합병을 추진했다.

④ 시사점: AOL과 타임워너의 합병 사례는 백기사 전략이 성공할 수 있지만, 합병 후에도 통합과정에서 충분한 준비와 관리가 필요함을 보여 준다. AOL과 타임워너는 합병 후 시너지를 기대했으나, 기술 변화와 문화적 차이로 인한 통합 실패가 발생했다. 이는 백기사 전략이 적대적 인수를 방어하는 데는 효과적일 수 있지만, 통합 과정의 복잡성을 충분히 관리하지 않으면 장기적으로 문제가 될 수 있음을 시사한다.

4) 시사점

① 백기사 전략의 장점:

- 적대적 인수 방어: 적대적 인수를 방어하는 가장 효과적인 방법 중 하나이다. 피인수 기업이 원하지 않는 조건에서 회사를 빼앗기기보다는 우호적인 백기사를 통해 경영권을 유지하거나 더 나은 조건으로 인수될 수 있다.
- 우호적 통합 가능성: 백기사와의 거래는 적대적 인수보다 더 나은 조건에서 통합할 수 있으며, 합병 후 조직 통합 과정에서 마찰이 적다.
- 기업 가치 보호: 적대적 인수로 인한 기업 가치 훼손을 방지할 수 있으며, 주주에게도 더 유리한 결과를 제공한다.

② 백기사 전략의 리스크:

- 우호적 인수자의 장기적 의도: 백기사로 나선 기업이 정말로 피인수 기업의 경영철학과 비전을 존중하는지, 혹은 단기적인 이익을 위한 것인지를 면밀히 검토해야 한다.
- 합병 후 통합의 복잡성: 백기사 전략이 성공적으로 적용되더라도 합병 후 통합 관리가 실패할 경우, AOL-타임워너 사례처럼 장기적인 실패로 이어질 수 있다.

백기사 전략은 피인수 기업에 더 유리한 조건에서 회사를 보호하고, 경영진 및 주주에게 보다 나은 결과를 가져다줄 수 있는 중요한 M&A 방어수단이다.

(21)

흑기사(Black Knight)는 적대적 M&A에서 피인수 기업이 원하지 않는데도 불구하고 경영권을 강제로 인수하려는 기업을 의미한다. 적대적 M&A는 대개 피인수 기업의 동의 없이, 주주들로부터 주식을 매수하거나 공개매수를 통해 이루어진다. 흑기사 전략을 사용하는 기업은 주주들에게 프리미엄을 제안해 회사를 장악하는 경우가 많다.

1) 사례: 칼 아이칸의 타임워너 적대적 인수 시도

① 사례: 타임워너 - 칼 아이칸 적대적 인수 시도 (2006년)

② 배경: 칼 아이칸(Carl Icahn)은 미국의 대표적인 행동주의 투자자(Activist Investor)로, 2006년에 타임워너의 경영권을 인수하려는 적대적 인수 시도를 벌였다. 그는 타임워너의 경영진을 비효율적이라고 비판하며, 회사 분할과 구조조정을 통해 가치를 높이겠다는 계획을 제시했다.

③ 구조: 칼 아이칸은 타임워너의 주주들을 설득해 경영진을 교체하려 했고, 주주들에게 더 높은 배당과 주주가치를 극대화하겠다는 제안을 하였다.

④ 결과: 타임워너는 적대적 인수를 방어하기 위해 자사주 매입과 주주 환원 프로그램을 확대하였으며, 최종적으로 칼 아이칸의 시도는 실패로 끝났다.

⑤ 시사점: 흑기사 전략이 반드시 성공하는 것은 아니며, 피인수 기업이 자사주 매입이나 주주 환원을 통해 주주들을 설득하고 경영권을 방

어할 수 있다. 하지만, 흑기사의 등장은 피인수 기업의 경영진에게 더 효율적인 경영을 요구하는 압박으로 작용할 수 있다.

2) 사례: AB 인베브의 사브밀러 적대적 인수

① 사례: AB 인베브 - 사브밀러 인수 (2016년)

② 배경: 세계 최대 맥주 제조사인 AB 인베브는 2016년에 경쟁사인 사브밀러(SABMiller)를 약 1,070억 달러에 인수하였다. 이 거래는 초기에는 적대적인 인수로 시작되었으며, 사브밀러 경영진은 처음에 인수를 거부했다.

③ 구조: AB 인베브는 주주들에게 직접 접근하여 주식 매수 제안을 하고, 사브밀러의 주주에게 상당한 프리미엄을 제안해 경영진을 압박했다.

④ 결과: 결국 사브밀러는 주주들의 압력에 굴복해 인수를 수락했다. 이는 맥주 산업 역사상 가장 큰 M&A 거래로 기록되었다.

⑤ 시사점: 흑기사 전략에서 중요한 요소는 주주에게 제시하는 프리미엄과 가치 창출이다. 경영진이 거부할지라도, 흑기사는 주주들에게 직접 제안을 통해 인수의 동의를 얻을 수 있으며, 특히 주주가치를 높이는 제안은 강력한 무기가 될 수 있다.

3) 사례: 크래프트 푸드의 캐드버리 적대적 인수

① 사례: 크래프트 푸드 - 캐드버리 인수 (2009년)

② 배경: 크래프트 푸드는 2009년에 영국의 대표적인 초콜릿 제조사인 캐드버리(Cadbury)를 적대적으로 인수하려 했다. 캐드버리 경영진

은 이 인수를 반대했으며, 인수합병 제안을 거부했다.

③ 구조: 크래프트 푸드는 주주들에게 직접 접근하여 인수 제안을 하였고, 현금과 주식으로 구성된 거래를 통해 주주들에게 더 높은 가치를 제공할 것을 약속했다.

④ 결과: 캐드버리의 주주들은 최종적으로 크래프트 푸드의 제안을 수락했고, 크래프트 푸드는 캐드버리 인수에 성공했다.

⑤ 시사점: 적대적 인수에서 주주의 입장이 매우 중요하다는 점을 보여주는 사례이다. 경영진이 인수를 거부하더라도, 주주들은 더 높은 수익을 기대하며 흑기사의 제안을 수용할 수 있다. 이 과정에서 기업의 브랜드 가치는 영향을 받을 수 있지만, 주주가치가 최우선적으로 고려될 수 있다.

4) 사례: 호스트 호텔의 마리어트 적대적 인수 시도

① 사례: 호스트 호텔 - 마리어트 인수 시도 (1995년)

② 배경: 1995년, 호스트 호텔은 마리어트 호텔 그룹을 적대적으로 인수하려고 시도했다. 당시 마리어트는 방어 전략을 구사했으나, 호스트 호텔은 주주들을 설득하기 위해 프리미엄을 제시하며 적대적 인수를 진행하려 했다.

③ 구조: 호스트 호텔은 주주들에게 직접 접근하여 제안했고, 프리미엄을 통해 마리어트의 경영권을 장악하려고 했다.

④ 결과: 마리어트는 자사주의 주가를 상승시키는 방법으로 방어에 성공했고, 호스트 호텔의 인수 시도는 실패로 끝났다.

⑤ 시사점: 흑기사 전략이 반드시 성공하지 않는다는 점을 보여 준다.

피인수 기업이 자사 주가를 유지하거나 방어 전략을 효과적으로 사용할 경우, 적대적 인수를 막을 수 있다.

5) 시사점

① 흑기사 전략의 특징:

- 주주들에게 직접적인 매력적인 제안: 흑기사는 주주들의 관심을 끌기 위해 인수 제안을 통해 높은 프리미엄을 제시하는 경우가 많다. 주주의 이익을 최우선으로 하여 경영진과 이사회가 반대하더라도 인수를 성사시킬 수 있다.
- 주주와 경영진 간 갈등: 경영진이 반대할 때, 흑기사는 주주와 경영진 사이의 갈등을 이용해 경영권을 장악하려 한다. 이는 종종 기업 내부의 분열을 초래할 수 있다.
- 피인수 기업의 자사주 매입: 흑기사의 공격에 맞서 피인수 기업은 자사주 매입을 통해 주가를 높이고, 주주들이 적대적 인수를 거부하도록 설득할 수 있다.

② 흑기사 전략의 리스크:

- 기업 이미지 훼손: 적대적 인수 시도는 피인수 기업의 경영진과 직원들의 사기를 저하시키고, 기업의 이미지에 부정적인 영향을 미칠 수 있다.
- 통합 실패 위험: 흑기사가 적대적으로 인수를 성공하더라도, 기업 통합 과정에서 조직 문화와 경영 철학의 차이로 인해 통합이 실패할 위험이 크다.

- 주주와 이해관계 충돌: 주주들은 더 높은 수익을 원하지만, 장기적인 기업 가치를 고려하는 경영진은 반대할 수 있어 갈등이 발생할 수 있다.

혹기사 전략은 강력한 인수 도구로서 주주들의 이익을 극대화하려 하지만, 그 과정에서 기업 내외부의 갈등을 초래할 수 있다. M&A 후 통합 관리도 성공 여부에 큰 영향을 미치는 중요한 요소이다.

(22)

워런트(Warrant)는 기업이 발행하는 금융 파생상품으로, 주식 옵션과 유사한 권리이다. 워런트는 일정 기간 동안 미리 정해진 가격(행사가격)으로 발행 기업의 주식을 구매할 수 있는 권리를 투자자에게 부여한다. 즉, 주식을 살 수 있는 선택권을 제공하는 것이며, 해당 권리를 행사하면 투자자는 주식을 매입하고 기업은 새로 발행한 주식을 제공한다.

1) 워런트의 주요 특징
① 주식 매입권: 워런트를 보유한 투자자는 미리 정해진 가격에 주식을 매입할 수 있는 권리를 가진다. 이 가격을 '행사가격'이라고 부른다.
② 만기일: 워런트는 만기일이 정해져 있다. 만기일 전에만 권리를 행사할 수 있으며, 만기일이 지나면 권리는 소멸된다.
③ 신주 발행: 워런트는 주식을 새로 발행해 판매하는 것이기 때문에, 권리를 행사하면 주식 수가 늘어난다. 이는 주식 희석화 효과를 불러올 수 있다.

④ 발행 목적: 기업은 워런트를 발행하여 자금을 조달하거나, 투자자에게 더 매력적인 투자 조건을 제시하는 등의 목적으로 사용한다.

2) 워런트의 구체적 사례

① 테슬라(Tesla)와 골드만삭스(2013년)

- 상황: 2013년, 테슬라는 골드만삭스를 통해 20억 달러 규모의 주식과 워런트를 발행해 자금을 조달했다. 당시 테슬라는 자본금이 필요했기 때문에 이와 같은 구조를 통해 주식과 함께 워런트를 제공했다. 이 워런트는 5년 내에 정해진 가격에 테슬라의 주식을 살 수 있는 권리를 투자자들에게 제공했다.
- 시사점: 테슬라는 당시 높은 주가 변동성과 미래 성장 가능성에 대한 투자자들의 신뢰를 바탕으로 자금을 확보했다. 워런트를 통해 투자자들은 테슬라의 주식을 할인된 가격에 매입할 수 있었으며, 이는 장기적으로 투자자들에게 큰 이익을 안겨 주었다. 기업 입장에서는 자금을 확보하면서도 투자자에게 더 매력적인 조건을 제공할 수 있었다.

② 항공사 롯지아(Luxair)의 워런트 발행

- 상황: 유럽 항공사 롯지아는 팬데믹으로 인해 자금 조달이 필요하자 2020년 워런트를 발행했다. 이 워런트는 롯지아가 어려움을 겪는 동안 자금을 확보하는 데 중요한 역할을 했다. 워런트를 구매한 투자자들은 미래에 항공사 주식을 저렴한 가격에 매입할 수 있는 권리를 가졌다.
- 시사점: 롯지아의 사례는 기업이 어려운 경제 환경에서 자금을 조달하

기 위해 워런트를 활용할 수 있음을 보여 준다. 특히 팬데믹과 같은 불확실한 상황에서 투자자들에게 미래의 성장 잠재력에 대한 선택권을 주는 방식은 매우 유용한 자금 조달 수단이 될 수 있다.

③ 소프트뱅크(SoftBank)의 쿠팡 투자
- 상황: 일본의 소프트뱅크는 2015년 쿠팡에 10억 달러 규모의 투자를 진행하면서, 워런트를 포함한 조건부 투자 계약을 체결했다. 소프트뱅크는 특정 조건이 충족되면 쿠팡의 지분을 일정 가격에 취득할 수 있는 워런트를 확보했으며, 이후 쿠팡이 성장하면서 큰 수익을 거둘 수 있었다.
- 시사점: 워런트를 통한 투자는 기업의 미래 성장 가능성에 베팅하는 전략이다. 소프트뱅크는 워런트를 통해 쿠팡이 상장하거나 기업 가치가 상승할 때 더 큰 지분을 확보할 수 있었으며, 이는 워런트가 고성장 기업에 대한 투자를 유연하게 관리하는 수단이 될 수 있음을 보여 준다.

④ 바이오 기업의 워런트 발행
- 상황: 바이오텍 기업들은 주로 자금 조달이 필요할 때 워런트를 자주 사용한다. 예를 들어, 미국의 바이오 기업 A는 임상 시험에 필요한 자금을 조달하기 위해 주식과 워런트를 결합하여 발행했다. 투자자들은 주식과 함께 워런트를 통해 미래에 일정 가격에 주식을 추가로 매입할 수 있는 권리를 얻었다.
- 시사점: 바이오텍 산업은 연구 개발 단계에서 많은 자금을 필요로 하며, 워런트는 이러한 기업들이 자금을 유치하면서도 투자자들에게 매

력적인 조건을 제공할 수 있는 방법이다. 워런트는 고위험, 고수익을 기대하는 투자자에게 유용한 도구가 될 수 있다.

3) 워런트 활용의 시사점

① 자금 조달의 유연한 수단: 워런트는 기업이 추가적인 자금을 확보하면서도 기존 주주들에게 큰 부담을 주지 않고 투자자들의 관심을 끌 수 있는 방법이다. 기업은 워런트를 발행함으로써 당장의 자금 조달을 해결하고, 주식 희석화를 나중에 발생시킴으로써 주가에 미치는 영향을 제한할 수 있다.

② 미래 성장에 대한 투자 기회 제공: 투자자들에게 워런트는 미래에 저렴한 가격에 주식을 매입할 수 있는 기회를 제공하며, 이는 기업의 성장 잠재력에 베팅하는 방식이다. 특히 고성장 산업이나 기술 기반 스타트업의 경우 워런트는 투자자에게 큰 매력으로 작용할 수 있다.

③ 주가 상승에 따른 투자 수익: 워런트를 보유한 투자자는 주가가 상승할 경우 큰 이익을 얻을 수 있다. 워런트는 옵션과 유사하게 주가 상승에 대한 레버리지를 제공하므로, 투자자는 비교적 적은 초기 자본으로도 높은 수익을 기대할 수 있다.

④ 주식 희석화에 대한 우려: 워런트는 신주 발행을 전제로 하므로, 권리가 행사되면 주식 수가 늘어나 주가가 희석될 수 있다. 이는 기존 주주들에게 불리하게 작용할 수 있으므로, 기업은 워런트 발행 시 이러한 부분을 고려해야 한다.

워런트는 기업이 자금을 조달하면서도 투자자들에게 매력적인 투자 기회를 제공하는 중요한 금융 도구이다. 특히 성장 가능성이 큰 기업에서 활용될 때, 워런트는 투자자와 기업 모두에게 긍정적인 효과를 가져올 수 있다.

● M&A에서 반드시 알아야 할 주요 용어

a) Due Diligence(실사)

M&A 과정에서 인수자가 목표 기업의 재무, 법적, 운영적 상태를 철저히 검토하는 과정이다. 실사를 통해 목표 기업의 잠재적인 리스크와 기회를 분석한다. 이는 M&A 거래가 성공적으로 이루어지기 위해 필수적인 절차이다.

b) Enterprise Value(기업가치, EV)

기업의 총 가치를 나타내는 지표로, 시장에서 평가된 기업의 가치를 의미한다. 이는 부채와 자본을 모두 포함한 가치로서, 주식 시가총액에 순부채(부채 - 현금)를 더한 값이다. EV는 인수 대상 기업의 전체 가치를 나타내므로, 인수자가 제안하는 가격에 큰 영향을 미친다.

c) EBITDA(법인세, 이자, 감가상각비 차감 전 영업이익)

영업이익에서 감가상각비, 이자, 세금을 차감하기 전의 이익을 나타내며, 기업의 영업활동에서 창출된 수익성을 측정하는 중요한 지표이다. M&A에서 EBITDA는 기업의 현금 창출 능력을 평가하는 데 자주 사용된다.

d) Synergy(시너지)

인수 또는 합병 후 두 회사가 결합함으로써 기대되는 추가적인 효과를 의미한다. 시너지는 비용 절감, 매출 증대, 시장 확장 등의 형태로 나타날 수 있으며, M&A의 주요 목표 중 하나이다.

e) Hostile Takeover(적대적 인수)

인수 대상 기업의 동의 없이 강제로 인수하려는 시도를 의미한다. 인수자가 직접 주주에게 제안을 하거나 공개 매수를 통해 지분을 확보하는 방식이다. 적대적 인수는 종종 기업 간의 갈등을 유발한다.

f) Tender Offer(공개 매수)

주식 공개매수는 M&A에서 중요한 전략적 도구로 사용된다. 인수자가 특정 가격에 일정 기간 동안 주주들에게 주식을 매입하겠다는 제안을 하는 방식이다. 이를 통해 인수자는 대상 기업의 지분을 빠르게 확보할 수 있다. 1976년부터 시행된 이 제도는 미국의 나이키가 국내에서의 직판체제 구축을 위해 합작법인이었던 삼나스포츠(주)에 대한 조건부 공개매수를 실시한 것을 시작으로 최근에는 적대적 M&A방법의 하나로 많이 이용되고 있다.

g) Leveraged Buyout(LBO, 차입매수)

인수자가 대상 기업의 자산을 담보로 대출을 받아 인수 자금을 조달하는 방식이다. 인수자는 소규모 자본으로도 대규모 기업을 인수할 수 있지만, 성공하려면 대상 기업이 충분한 현금 흐름을 창출할 수 있어야 한다.

h) Stock Swap(주식 교환)

인수자가 자신의 주식을 교환하여 목표 기업의 주식을 인수하는 방식이다. 현금이 아닌 주식으로 거래가 이루어지며, 이는 인수자가 현금 유동성 문제를 해결하면서도 기업을 인수할 수 있는 방법이다.

i) Non-Disclosure Agreement(NDA, 비밀 유지 계약서)

M&A 과정에서 인수자가 목표 기업의 정보를 검토하는 동안, 이를 외부에 유출하지 않도록 양측이 맺는 계약이다. 이는 기밀을 보호하고 거래가 성사되지 않더라도 민감한 정보를 보호하는 데 필수적이다.

j) Term Sheet(기본 합의서)

M&A 거래의 주요 조건과 구조를 요약한 문서이다. 이 문서는 법적 구속력이 없으며, 거래의 방향성을 설정하는 데 도움을 준다. 이후 실사 결과에 따라 거래가 구체화된다.

k) Divestiture(자산 매각)

기업이 자산이나 사업 부문을 매각하는 행위를 뜻한다. M&A 과정에서 불필요한 자산을 매각하거나, 재정 건전성을 확보하기 위해 자주 사용된다.

l) Golden Parachute(황금 낙하산)

인수나 합병 시 고위 임원들이 퇴직할 때 받을 수 있는 보상 패키지를 말한다. 이 보상에는 퇴직금, 주식 보너스 등이 포함되며, 고위 임원들이 적대적 인수에서 보호받기 위해 마련된 장치이다.

m) Break-Up Fee(거래 중단 수수료)

M&A 과정에서 한쪽이 계약을 파기할 경우, 상대방에게 지불해야 하는 벌금 또는 수수료이다. 이는 거래 실패에 따른 손해를 보상하기 위한 장치로 사용된다.

n) Poison Pill(독소 조항)

적대적 인수를 방어하기 위한 전략 중 하나로, 특정 조건이 충족되면 주식 가치가 급격히 떨어지도록 하거나, 기존 주주에게 저가로 신주를 매입할 수 있는 권리를 부여하는 방식이다. 이를 통해 인수자의 인수 시도를 좌절시키거나 불리하게 만든다.

o) 자본증자 방안

자본을 늘릴 수 있는 방법은 3가지가 있다.

- 가장 쉬운 방법은 주주배정 유상증자다. 그러나 주주들 입장에서는 무조건 좋은 소식은 아니다.
- 두 번째는 회사나 특수관계자, 경영진 등을 믿고 진행 하는 제3자배정 유상증자이다. 제3자배정 유상증자에서 우호적인 전략적 투자자(SI)가 들어오면 장기적으로 주가가 오를 수 있다. 제3자배정 유상증자의 경우 기존 주주의 피해 방지를 최소화 하기 위해 할인율 상한이 최대 10%까지로 정해져 있지만 현실적으로는 쉽지가 않다.
- 세 번째로 전환사채나 신주인수권부사채 등 메자닌이 있다. 전환사채와 신주인수권부사채는 부채 형태로 빌려주고 회사의 상황이 좋아지

면 주식으로 바꿀 수 있다. 주식으로 변경하면 부채가 자본금으로 전입되기에 유상증자와 같은 결과를 가져올 수 있다.

M&A는 끝날 때까지 끝난 것이 아니다.

새로운 세계

정민계

서로 다른 언어로 시작된 대화
이해의 다리를 놓는 순간
협상 테이블 위에서 펼쳐지는
가능성의 세계가 열리네

서로의 강점과 약점을 나누고
한 걸음 더 다가서는 방법
이 작은 움직임이 큰 변화를
초래하는 기적이 되리

조금씩 쌓이는 신뢰의 벽
그 안에서 피어나는 희망
하나의 목표를 향해 나아가며
서로의 마음을 열어가네

마침내 도달한 그곳은
새로운 미래가 기다리는 곳
우리의 협상이 성공으로 이어져

가슴 속에 깊은 기쁨이 흘러내리네

이제 우리는 함께할 준비
서로의 손을 잡고 나아가리
협상의 성과가 만들어낸
새로운 세계가 우리를 반기리